墾丁國家公園的史前文化

李光周 著

行政院文化建設委員會策劃出版
藝術家出版社編輯製作

文化資產叢書序

在中華民族悠久的歷史進程中，長久累積的文化資產，有如一片色彩絢麗的錦繡，而其縱橫經緯，則是由先民的生活軌跡與智慧所交織而成。所謂文化資產，包括古物、古蹟、民族藝術、民俗文物及自然文化景觀等，其中蘊含的民族智慧與情感，確實是我國文化精神之所在，也為世世代代的藝術文化活動提供了永續的源頭活水。

文化資產的歷史意義、人文傳統與藝術價值，不僅反映了先民的生活方式與生活態度，對現代人而言，也是豐富生活內涵的重要資源。一個國家或民族的文化內涵是否豐厚，社會是否進步，文化資產的多寡是十分重要的指標。因此，保存和維護文化資產，乃成世界各先進國家無不全力以赴的標的，雖然在此一工作上，政府與民間均屬責無旁貸。但在推行與規劃過程中，卻有其現實上的困難，要雙方均能積極主動的致力於保存維護工作，有賴教育和傳播的力量，加強文化保存觀念之紮根與宣揚。

有鑑於此，本會爰將歷時多年精心策劃編印的「文化資產叢書」予以重編出版，希望藉叢書的重新發行，呈現各項文化資產清晰動人的面貌，讓我們在欣賞其藝術表現與社會意涵之餘，更能在日常生活中體認其價值。有了了解與尊重，才能喚起全民的參與及支持，進而找回我們自己對文化的信心和自尊，建立全民維護文化資產的共識。

行政院文化建設委員會主任委員　林澄枝

編輯例言

一、本套「文化資產叢書」係民國七十二年起由行政院文化建設委員會策劃印行，至八十六年共出版五十二本。歷經十多年，由於部分叢書已絕版，且考量若干資料宜適時更新，乃計畫重編。八十七年九月，本社受文建會委託補充叢書內容資料或圖版，並重新設計統一的編輯體例，重新編輯後予以推廣發行。

二、本套叢書依文化資產保存法第三條，分類如下：

古物類（以具有歷史及藝術價值之器物為主）。

古蹟類（以古建築物、遺址為主）。

民族藝術類（以傳統技術及藝能之表現為主）。

民俗及其有關文物類（以與國民生活有關之風俗、習慣及文物為主）。

自然文化景觀類（以產生歷史文化之背景、區域、環境及珍貴稀有之動植物為主）。

重編書籍除分類明確者外，尚有按內容性質分跨兩類領域者。

三、叢書每本頁數在六十四到八十頁之間，文字數約一萬五千字到兩萬字，圖版在五十張以上。

四、視事實需要，依據舊版叢書修訂或增刪內文，並更新或增強圖照資料的品質與豐富性，文圖兼備。

五、另按各書情況，彈性決定在書末放置參考書目或名詞解釋。

六、期望藉「文化資產叢書」的重新編輯發行，深入淺出地介紹固有文化資產，帶領讀者認識中華文化的精粹，以及文化資產保存與傳承的重要，並建立保存觀念。

藝術家出版社　何政廣謹識　中華民國八十八年三月

目次〔文化資產叢書—古蹟類〕

第一章

前言

●由鵝鑾鼻海邊望向尖山，
遠遠可見圖中右上方一座突起巨石（高三一八公尺），
此山峰是因為其岩性較四周的泥岩堅硬，
不易風化而形成的。像是一尖銳的劍峰，故稱尖山，
為墾丁國家公園的標誌。（林柏樑攝影）

墾丁國家公園經過規劃以後，於民國七十一年九月一日成立，為我國臺灣地區設置的第一處國家公園。（圖一）公園位於臺灣南端恆春半島的南側，東面太平洋，西臨臺灣海峽，南瀕巴士海峽，北至南仁山北側；其範圍包括陸地及海域兩部分，全部面積共有三二、六四〇公頃。陸地範圍西邊包括龜山向南至紅柴的臺地崖與海濱地帶，龍鑾潭南面的貓鼻頭半島、南灣、墾丁公園、鵝鑾鼻半島，沿太平洋岸而上至佳樂水、出風山、南仁山區域，北到九棚灣，剔出核能三廠用地，另將恆春古城劃入，有一七、七四〇公頃。海域範圍由龜山至貓鼻頭間、鵝鑾鼻附近至佳樂水與南仁灣的海域，距海岸線一公里全部劃入，共一四、九〇〇公頃。隸屬的行政轄區包括恆春鎮、滿州鄉的大部分和車城鄉的小部分。

● 墾丁國家公園不但是國內一處觀光勝地，而且內藏了豐富的史前文化遺址。（林柏樑攝影）（上圖）

圖一　墾丁國家公園計畫示意圖（左頁圖）

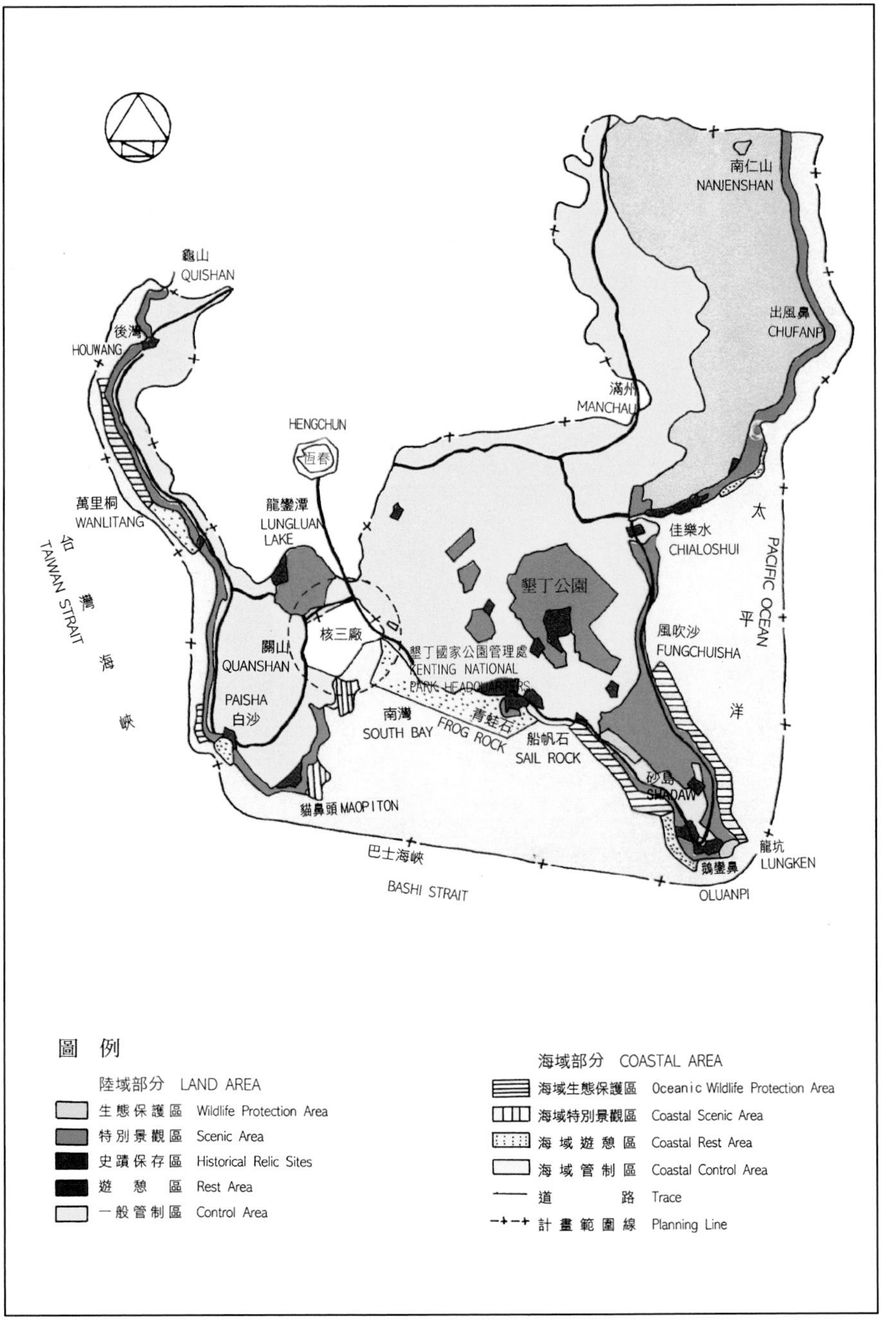

龜山
QUISHAN
後灣
HOUWANG
萬里桐
WANLITANG
台灣海峽
TAIWAN STRAIT
HENGCHUN
恆春
龍鑾潭
LUNGLUAN LAKE
核三廠
關山
QUANSHAN
PAISHA
白沙
南灣
SOUTH BAY
FROG ROCK
青蛙石
船帆石
SAIL ROCK
貓鼻頭 MAOPITON
巴士海峽
BASHI STRAIT
墾丁國家公園管理處
KENTING NATIONAL PARK HEADQUARTERS
墾丁公園
南仁山
NANJENSHAN
出風鼻
CHUFANP
滿州
MANCHAU
佳樂水
CHIALOSHUI
太平洋
PACIFIC OCEAN
風吹沙
FUNGCHUISHA
砂島
SHADAW
龍坑
LUNGKEN
鵝鑾鼻
OLUANPI
圖　例
陸域部分　LAND AREA
生態保護區　Wildlife Protection Area
特別景觀區　Scenic Area
史蹟保存區　Historical Relic Sites
遊　憩　區　Rest Area
一般管制區　Control Area
海域部分　COASTAL AREA
海域生態保護區　Oceanic Wildlife Protection Area
海域特別景觀區　Coastal Scenic Area
海 域 遊 憩 區　Coastal Rest Area
海 域 管 制 區　Coastal Control Area
道　　路　Trace
計 畫 範 圍 線　Planning Line

這一佔地遼闊的熱帶公園區，不僅地理、地形和地質的景觀變化多端而內容豐富，植被生態、動物生態與海洋生態的景觀同樣也是種類繁多而具有特色。根據民國六十八年年底的統計，公園區內的人口有二二、一一七人，主要分布於地勢平坦、腹地較廣的道路兩側地區，少數則零星散布於田間和丘陵地區。產業活動以農、漁業為主，集中在平原與沿海地帶；丘陵及山地則見林、牧業。事實上，遠至史前時期，人類就曾經在這裡有過悠久的聚落與活動。人類在適應其周

● 墾丁國家公園萬里得山史前遺址。

遭環境，求取生存的過程中，更留下了豐碩而值得珍惜的古文化資產。

本文擬就墾丁國家公園目前所見的史前文化做一綜合概述。全文包括四節：一、前言；二、公園區的史前文化；三、臺灣：罕見的考古學實驗室；四、結語。所謂「史前時期」，是指人類尚未創造文字而可以記載其歷史的時期。人類文化發展到今天，有百分之九十九以上的時間是屬於無文字寫史的史前時期；史前時期開始的年代與結束的年代在世界各地並不一致，文化發展的水平與過程也不盡相同。而「文化」，則是指人類在求取生存過程中的生活方式，一方面是適應外界環境而產生的結果，另一方面卻也成為適應外界環境的手段；人類與外界環境之間是透過文化而彼此互動。

● 墾丁國家公園遺址發掘地點之一。（上圖）
● 探坑發掘，底層為珊瑚礁岩層。（左頁上圖）
● 墾丁國家公園遺址探坑發掘情形。（左頁下圖）

鵝鑾鼻史前遺址
O-LUAN-PI II
LOCUS(區) D
SQ(坑) 1
1982/8/10

第二章

公園區的史前文化

●河流攜泥砂流入海域，
強烈的季風又把砂子吹上陸地。
兩種逆向搬運作用，
日久形成了風吹砂特殊地形。（林柏樑攝影）

　　人類學者對於現生人類的文化與行為可以直接觀察，進而對其觀察的現象求取說明與解釋。考古學者雖然無法直接觀察到過去人類的文化與行為，但是卻可以藉著過去人類存留於地下的物質遺留所反映的秩序而得以瞭解，進而一如人類學者，就其所見的現象做說明與解釋。過去人類留下的種種物質遺留有其時間秩序、空間秩序、組合秩序、關係秩序；而這些物質遺留具有的秩序正是直接受到過去人類有秩序的文化與行為影響的產物。前述的想法因而影響了考古學一九六〇年代以後的取向；考古學是一門人類學取向的社會科學，試圖對於人類過去長時間裡表現的文化與行為求取解釋、求取說明。

　　目前對於墾丁國家公園範圍區史前文化的瞭解已在漸進地擴展之中；尤其是最近數年的努力，研究

● 考古遺址的發掘。（上圖）

● 龍坑遺址。（左頁上圖）

● 鵝鑾鼻第二遺址。（左頁中圖）

● 番仔洞遺址。（左頁下圖）

SITE(04) 008
L.K
3/5/1985

SITE(04) 005
O.L.P II
4/4/1985

KENTING NATIONAL PARK EXP
墾丁國家公園考古調查
SITE(遺址) 009
T. T. W.
2/11/1985

資料的累積更屬可觀。（圖二）假若以「文化相」為單位，現階段的認識，墾丁國家公園的文化從史前時期以至歷史時期，可以劃分為十個文化相：鵝鑾鼻第一史前文化相，墾丁史前文化相，鵝鑾鼻第三史前文化相，鵝鑾鼻第四史前文化相，響林史前文化相，龜山史前文化相，阿美文化相，排灣文化相，西拉雅文化相，漢文化相。各文化相在時間、空間的框架上有其主要分布位置。（表一）本節即依上列文化相的秩序，就史前文化的若干認識做一簡述。

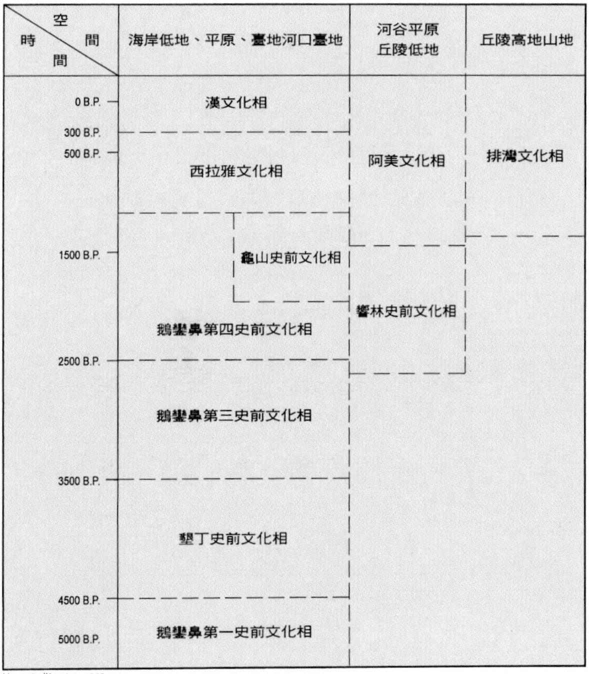

空間
時間
海岸低地、平原、臺地河口臺地
河谷平原
丘陵低地
丘陵高地山地
0 B.P.
300 B.P.
500 B.P.
1500 B.P.
2500 B.P.
3500 B.P.
4500 B.P.
5000 B.P.
漢文化相
西拉雅文化相
龜山史前文化相
鵝鑾鼻第四史前文化相
鵝鑾鼻第三史前文化相
墾丁史前文化相
鵝鑾鼻第一史前文化相
阿美文化相
響林史前文化相
排灣文化相

註：B.P. 指 before 1950

表一　墾丁國家公園文化層次及其空間分佈（上圖）

● 潭子灣史前遺址。（右圖）

墾丁國家公園史前遺址及其編號秩序

001 墾丁史前遺址
002 響林史前遺址
003 鵝鑾鼻第一史前遺址
004 龜子角史前遺址
005 鵝鑾鼻第二史前遺址
006 南仁山史前遺址
007 番仔洞史前遺址
008 龍坑史前遺址
009 潭子灣史前遺址
010 龜山第一史前遺址
011 頂頭溝史前遺址
012 上後灣史前遺址
013 下水堀第一史前遺址
014 下水堀第二史前遺址
015 下水堀第三史前遺址
016 猴山洞史前遺址
017 落林史前遺址
018 石珠史前遺址
019 萬里路史前遺址
020 萬里桐史前遺址
021 山海史前遺址
022 雞仔頭史前遺址
023 後壁湖史前遺址
024 紅柴坑史前遺址
025 頂白沙史前遺址
026 福林路史前遺址
027 萬得路史前遺址
028 里德第一史前遺址
029 豬勝束山史前遺址
030 加都魯史前遺址（公園區外）
031 古山宮史前遺址
032 社頂史前遺址
033 港口路史前遺址
034 檳榔腳史前遺址
035 港墘史前遺址
036 橋頭路史前遺址
037 後壁山第一史前遺址
038 後壁山第二史前遺址
039 田仔史前遺址
040 大邱園史前遺址
041 白石仔史前遺址
042 烏加烏史前遺址
043 茶山路史前遺址
044 四林格山史前遺址（公園區外）
045 溪內史前遺址（公園區外）
046 萬里得山史前遺址
047 白沙史前遺址
048 番仔菜園史前遺址
049 出泉史前遺址（公園區外）
050 水坑史前遺址
051 馬鞍山史前遺址
052 砂島史前遺址
053 墾丁國小史前遺址
054 圓山灣史前遺址
055 船帆石史前遺址
056 大圓山史前遺址
057 香蕉灣史前遺址
058 里德第二史前遺址
059 鵝鑾鼻第三史前遺址
060 龜山第二史前遺址

● 墾丁國家公園史前遺址及編號秩序

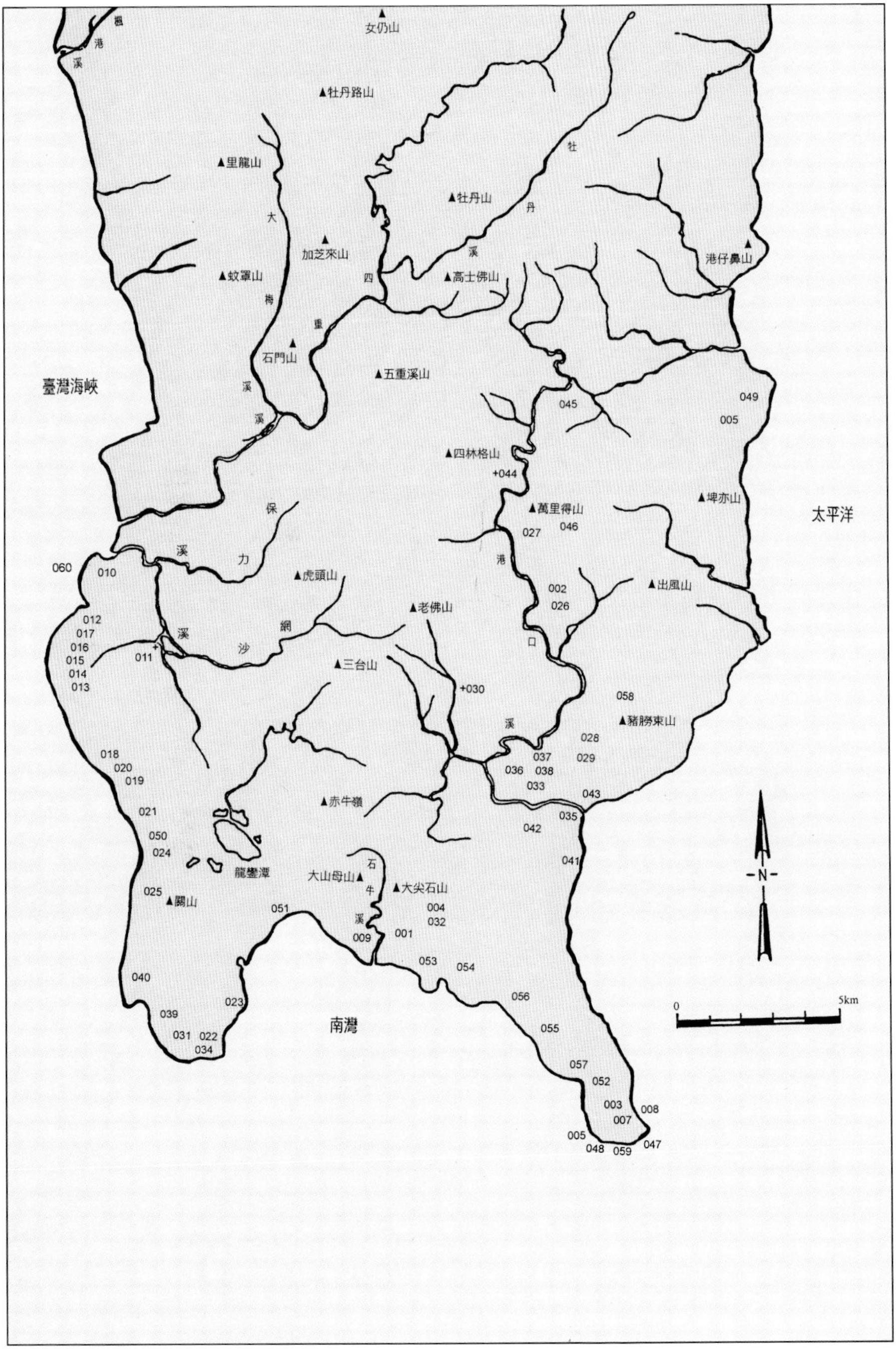

圖二　墾丁國家公園史前遺址分布圖

● 雞仔頭史前遺址。
（右上圖）

● 福林路史前遺址。
（左上圖）

● 頂頭溝史前遺址。
（左中圖）

● 船帆石史前遺址。
（左下圖）

鵝鑾鼻第一史前文化相

墾丁國家公園範圍區內，目前所見的最早的史前文化即是鵝鑾鼻第一史前文化相所代表的文化，屬於所謂的「先陶文化」。

考古學者一般把舊大陸人類早期的文化發展分為舊石器時代及新石器時代。這兩大階段是以地質年代、人類的生業型態、居住方式、工藝技術等多重標準予以劃分出來的，例如：

一、以地質年代說，舊石器時代的時間是在更新世；更新世也稱冰期或冰河期，年代距今約二百萬年至一萬年。人類出現的年代即大約在二百萬年前。新石器時代的時間是在更新世結束以後的全新世，也稱之為冰後期或現代，開始的年代距今約一萬年。

二、以人類的生業型態說，舊石器時代是狩獵及採集的採食經濟。新石器時代則是農耕與動物飼養的產食經濟。

三、以居住方式說，在舊石器時代是不定居的。而新石器時代已開始定居，而漸漸有村落形成。

四、以工藝技術說，舊石器時代製作的石器，完全是用敲打的方法製成。而新石器時代的石器製作卻有啄製、磨製等攻石技術的發展。此外，在新石器時代並有製陶、紡織等項工藝的發明。

一般所指的「先陶文化」也即

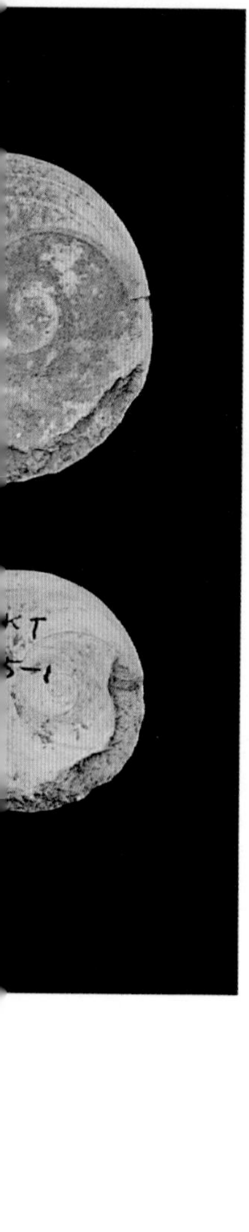

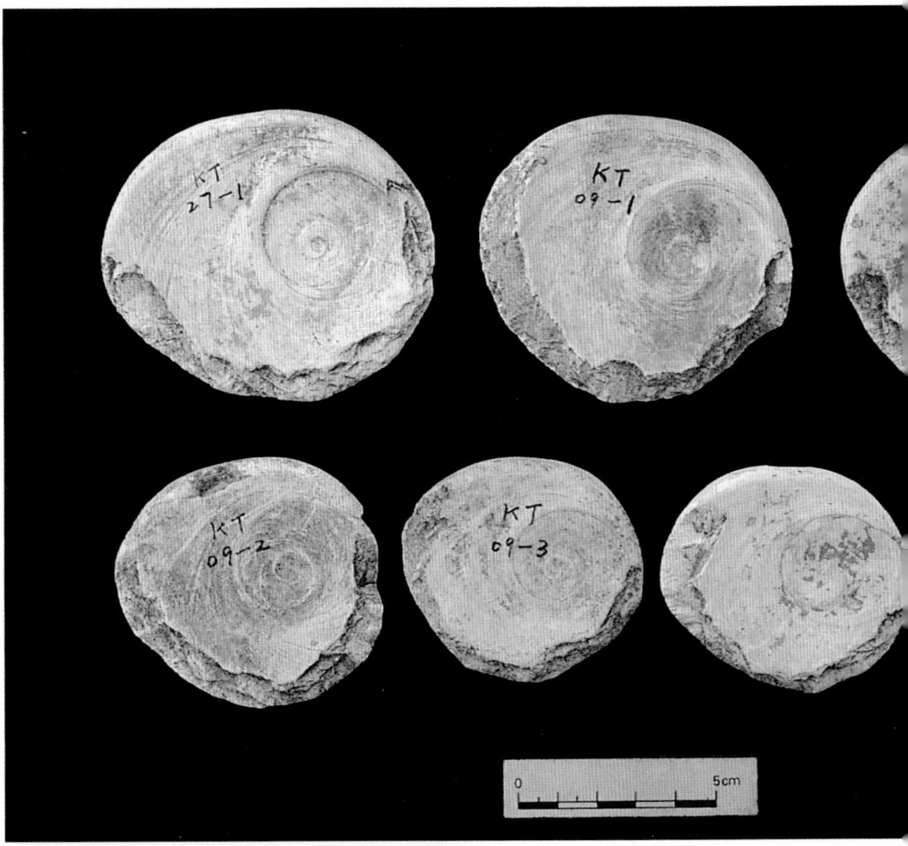

● 貝刮器。（上圖）

● 龍坑史前的石片器。（左圖）

指所謂的舊石器時代階段的文化，陶器尚未發明。舊石器時代本身並有早期、中期與晚期之分。自然，舊石器時代文化開始的年代與結束的年代，文化開始的發展階段與結束的發展階段，各地並不一致。同樣，新石器時代的情形也是如此。若干地方更有新、舊石器時代轉型的中石器時代文化出現。

在更新世的幾次冰河期間，冰雪存積在陸地上，曾經引起海水面下降，臺灣因而前後有數次與我國大陸以陸地（陸橋）相連接；此外，在臺灣西部有許多地點出土劍齒象、普通象、野牛、犀牛、古鹿等哺乳類動物的骨骼化石，而這些現在已屬絕種了的更新世的動物，在當時是由華南遷移過來的，也正是當時人類狩獵追逐的對象；因此，臺灣地區是否存有亞洲大陸所見的舊石器時代的文化，向來是學者注

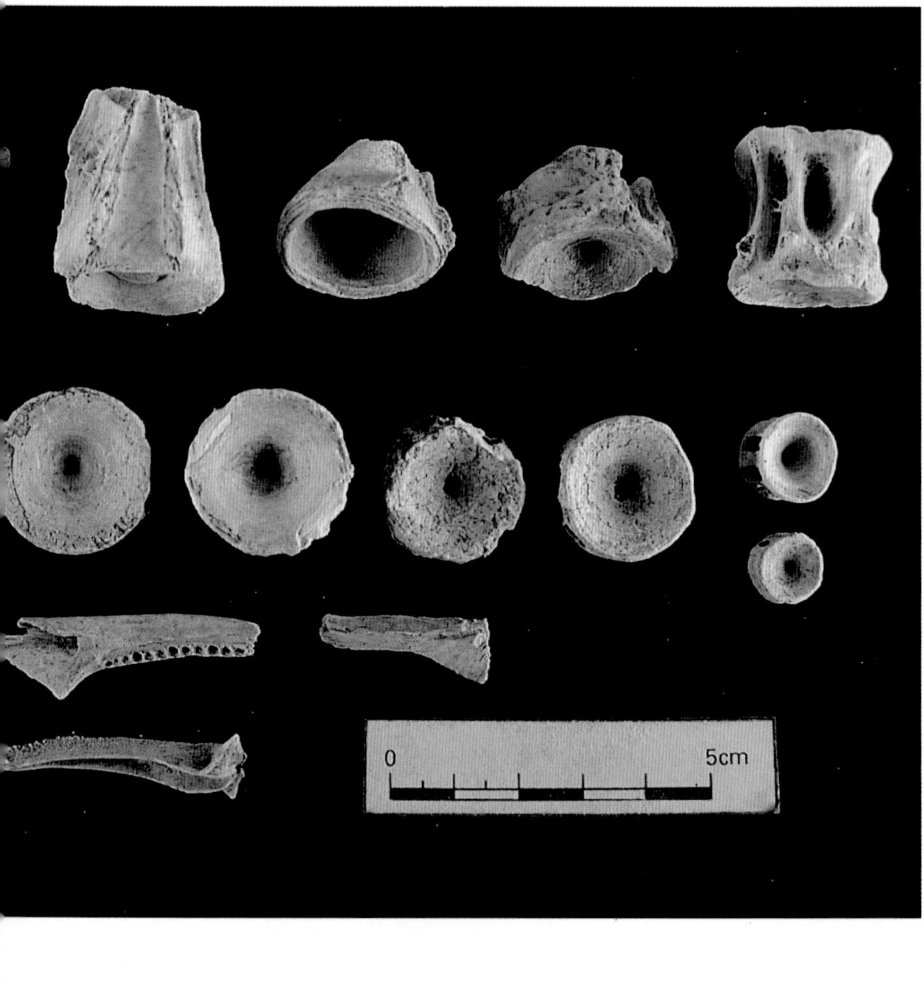

意而感到興趣的問題。民國五十七年（一九六八），在臺灣東海岸長濱附近八仙洞遺址（隸屬臺東縣長濱鄉樟原村）首次發現具有層位、早於新石器時代的先陶文化，才證實臺灣本島確是無疑地有過舊石器時代的文化存在。民國六十年以後，更在臺南縣左鎮鄉菜寮溪一帶發現若干更新世晚期的「左鎮人」化石遺存，惜無層位關係，也非得自原地層，其地位仍待決定。其他提及的如高雄縣林園、南投縣頭社、臺北市芝山巖等遺址都有待證實。

位於墾丁國家公園範圍區內的鵝鑾鼻第二史前遺址與龍坑史前遺址是臺灣本島繼八仙洞史前遺址之後證實出土先陶文化遺留的兩處考古遺址。此兩處遺址都位於鵝鑾鼻半島，兩者相距僅約兩公里。鵝鑾鼻第二史前遺址由於文化層堆積清楚，保存完整，可做為鵝鑾鼻第一史前文化相的代表遺址。

鵝鑾鼻第一史前文化相出土的遺留包括：礫石砍器、石片砍器、石片器、廢石片、凹石、骨鑿、骨尖器、貝刮器、貝殼、龜甲、獸骨、魚骨等。此一文化相的年代距今約有五千年；測得的三個碳十四年代為：4,820 ± 100B.P.；4,790 ± 120B.P.；5,560 ±90B.P.（半衰期為五，五六八年，以貝殼標本送檢）。

根據資料分析呈現的若干秩序，對於鵝鑾鼻第一史前文化相已可有下列幾項認識：

一、不具有新石器時代文化的任何要素，可以確定為一先陶文化，並且為外地移入者。

二、居住範圍顯示當時人類仍為小

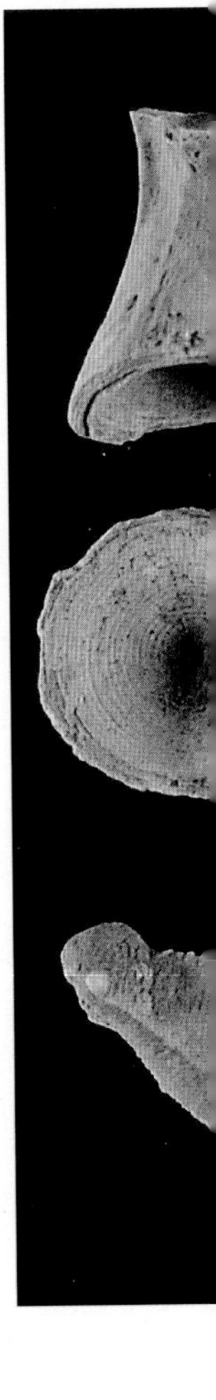

●出土的魚骨。

群體居住聚落；其社會組織也為一小群體的組織。居住方式或已有某種程度的定居，這由於附近糧食資源穩定，不需要移動追逐或採集季節變異性的糧食資源。

三、聚落位置已有選擇；低地、近海、隱閉、背風、淡水水源、糧食資源、燃料等顯然為考慮之條件。為一海岸低地之適應型態。

四、石器製作仍屬亞洲大陸古老的打製礫石、石片器傳統；這一傳統已經持續了數十萬年之久。此外，利用新的質料製作器物，例如獸骨、貝殼等，更是舊石器時代晚期文化普見的發展。石器製作雖不見有磨製技術，但是在質地較軟的骨器製作上已見刮削與磨製技術。由於測得的絕對年代已進入全新世，故擬稱之為「舊石器時代晚期持續型文化」。

五、器物的型制，特別是在石器與貝器表現上，無明顯分劃，且為多功能的工具。對於冰後期自然環境變遷的再適應，在器物上並無特殊的表現；不見歐洲中石器時代的文化再調整現象。

六、器物之組合顯示多為食物處理工具而非生產工具。當時人類尚不能自主生產糧食，不見作物耕種與動物飼養，甚至捕漁的能力也屬非常有限。生業型態仍以狩獵與採集為主，其中貝類採集尤為重要。植物性糧食資源的取得情形雖不清楚；但從肉類資源的取得情形看，顯然採集為最主要的生業活動，狩獵次之，漁撈殿後。對於食物處理，如貝肉之取食、骨髓之取食，已有固定之方式。

七、器物之中，可見特殊地緣現象。例如出土量最多的貝刮器，在臺灣本島僅在恆春半島南端一帶的史前遺址中發現，並且持續的時間可長達三千五百餘年之久，而出現在四個文化層次之中。但是，此類貝器卻普見於綠島、琉球群島等地的考古遺址；持續的時間從史前時期一直到歷史時期。最北的一處遺址為寶島大池遺址（隸屬日本鹿兒島縣）下層的年代為 4,820 ± 95B.P.。這一年代數據與鵝鑾鼻第二史前遺址A區的4,820±100B.P.相當；兩者也是目前知道的最早的年代數據；惟在大池遺址，與貝刮器伴隨出土的遺物中已見有陶器。

八、與八仙洞所見的長濱文化相較，已呈現明顯的文化分化現象。不僅在器物製作的取材、種類上可見；在食物選擇習性、生業活動上也如此，聚落環境選擇的條件也不盡相同。鵝鑾鼻第一史前文化相所代表的文化是臺灣地區所見的另一型先陶文化。

九、至今八仙洞史前遺址、鵝鑾鼻

● 龍坑骨角器。

第二史前遺址、以及龍坑史前遺址的調查發掘都屬試掘性質，有待進一步做大規模的發掘。臺灣地區先陶文化的時間上下限、空間分布、群體分化、相互關係、文化過程，以及其後與臺灣地區所見的新石器時代之間的關係等都極待了解。這對於舊石器時代晚期以後史前文化地域性的持續發展、族群的移動、行為文化的秩序等的認識至為重要，特別是對於我國東南沿海地區，以及相鄰的太平洋地區。

墾丁史前文化相

李光周

目前，在臺灣地區發現的最早的新石器時代文化，一般稱之為「大坌坑文化」（因為臺北縣八里鄉大坌坑史前遺址而得名）。這一成熟發展的新石器時代文化可見於臺灣本島西岸的北部、中部、南部，以及澎湖群島。在墾丁國家公園範圍區內，至今雖未發現大坌坑文化的遺留，但是在墾丁史前遺址、鵝鑾鼻第一史前遺址，以及其他數處史

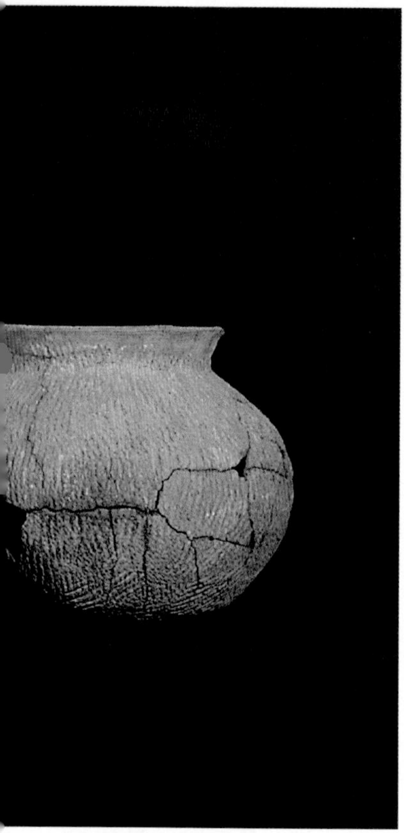

● 墾丁發掘出土的陶器。（上圖）

● 下水堀第一史前遺址陶片之堆積，因建屋挖地而露出的文化層斷面。（右圖）

● 墾丁發掘出土的磨製石鋤。（左圖）

0
5
10cm

KT 052
KT 155
KT 051
KT 099
KT 049
KT 101
KT 098
0
5cm

前遺址所見的史前文化或即為大坌坑文化的持續發展。在公園區內列為墾丁史前文化相；目前仍可以墾丁史前遺址、鵝鑾鼻第一史前遺址做為代表遺址。

墾丁史前文化相的年代可以早至距今四千年或四千五百年；從墾丁史前遺址測得的碳十四年代為：3,985 ± 145 B.P.（半衰期為五，五七〇年，以貝殼標本送檢）。此一文化相出土的遺留主要包括：陶片（另見若干完整陶器）、陶紡輪、陶環、打製石鋤、磨製石鋤、磨製石斧、磨製石䃘、磨製石鑿、靴形石刀、石刀、磨製石鏃、槍頭、砝碼形網墜、兩縊形網墜、帶槽卵形網墜、石子器、凹石、石鑽、石錐、石製鈴形飾物、石製冊形飾物、石杵、砥石、石砧、製陶托石、石器殘件，廢石片、石料、貝刮器、貝環、貝珠、貝製頸飾、圓板形貝核、

貝器殘件、加工貝料、骨鏃、骨刀、骨器殘件、加工骨料、鯊魚脊椎骨製頭飾、紅燒石、石板棺墓葬、人骨、獸骨、魚骨、龜甲、貝殼等。墾丁史前文化相的遺留中，以「紅色繩紋陶」的發現爲重要特徵。陶器的製作不僅是新石器時代的一項重要工藝創作發明，並且，它也是一種反映過去人類意念、文化群體、文化變遷等最具敏感之物，因而受到考古學者極大的重視。紅色繩紋陶在臺灣考古上一般又稱爲「細繩紋陶」；出土此類陶器的史前文化在臺灣地區不僅見於恆春半島南端地區，在澎湖群島、小琉球、以及臺灣本島的中部、南部、北部甚至東部都見其分布。

目前，對於墾丁史前文化相的若干認識，可以列舉如下：

一、定居的聚落擴張面積可達○．○三平方公里，甚至更大；為群體集

● 墾丁發掘出土的砝碼形網墜。（上圖）

● 墾丁發掘出土的帶有稻穀痕跡的陶片。（右頁圖）

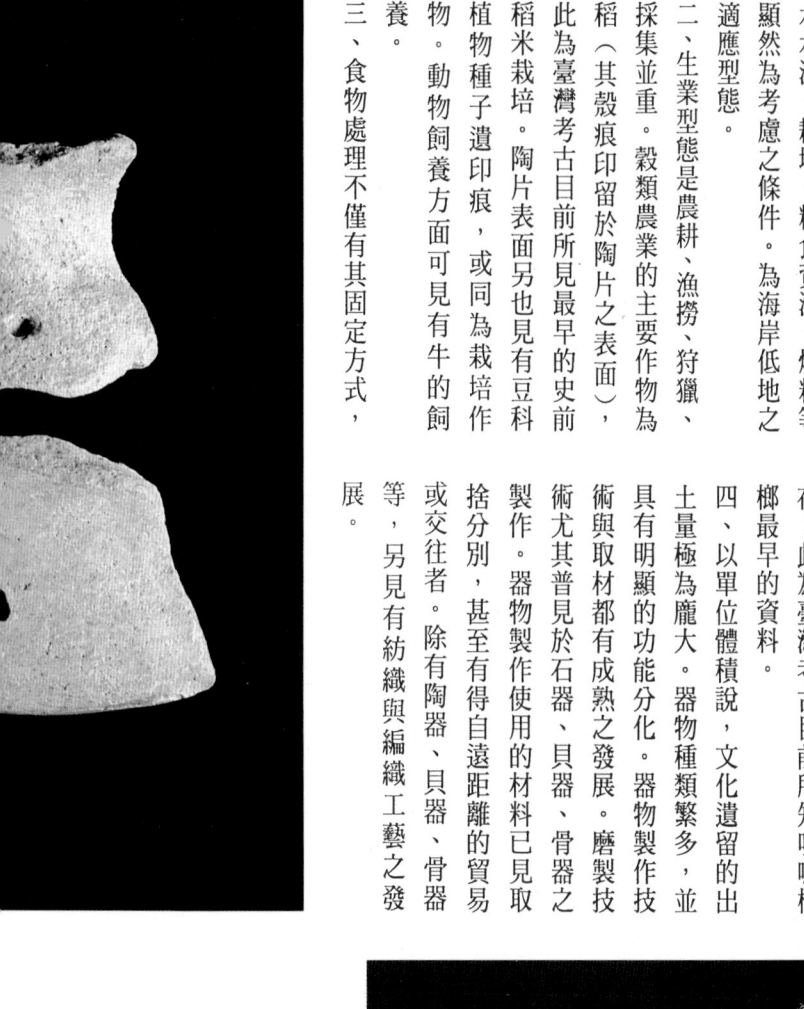

中居住的村莊型聚落；位置選擇較開闊之地。低地、近海、背風、淡水水源、耕地、糧食資源、燃料等顯然為考慮之條件。為海岸低地之適應型態。

二、生業型態是農耕、漁撈、狩獵、採集並重。穀類農業的主要作物為稻（其殼痕印留於陶片之表面），此為臺灣考古目前所見最早的史前稻米栽培。陶片表面另也見有豆科植物種子遺印痕，或同為栽培作物。動物飼養方面可見有牛的飼養。

三、食物處理不僅有其固定方式，食物種類已形複雜。若干人齒並見咀嚼檳榔之遺痕，顯示嗜食物的存在；此為臺灣考古目前所知咀嚼檳榔最早的資料。

四、以單位體積說，文化遺留的出土量極為龐大。器物種類繁多，並具有明顯的功能分化。器物製作技術與取材都有成熟之發展。磨製技術尤其普見於石器、貝器、骨器之製作。器物製作使用的材料已見取捨分別，甚至有得自遠距離的貿易或交往者。除有陶器、貝器、骨器等，另見有紡織與編織工藝之發展。

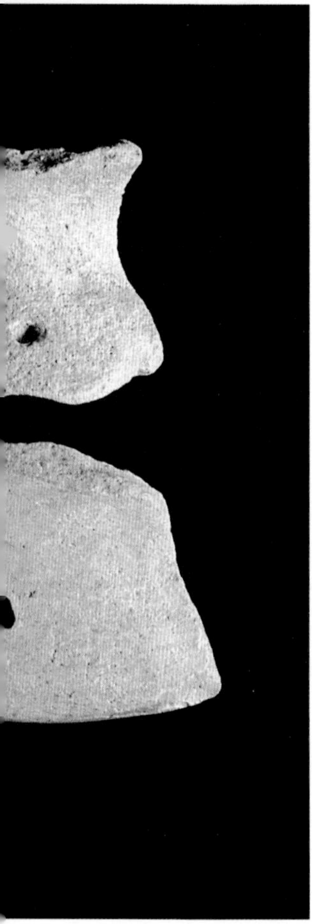

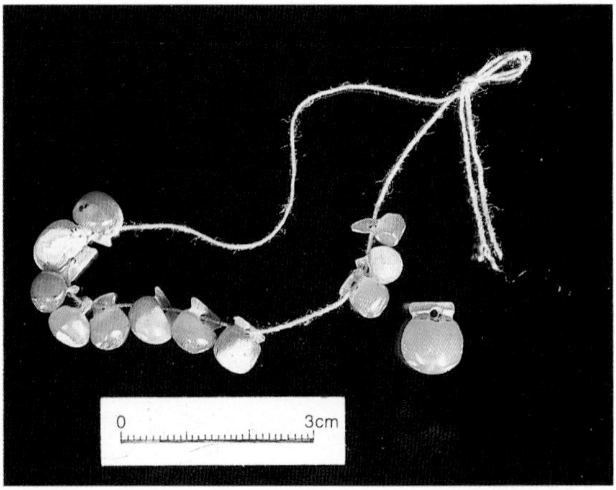

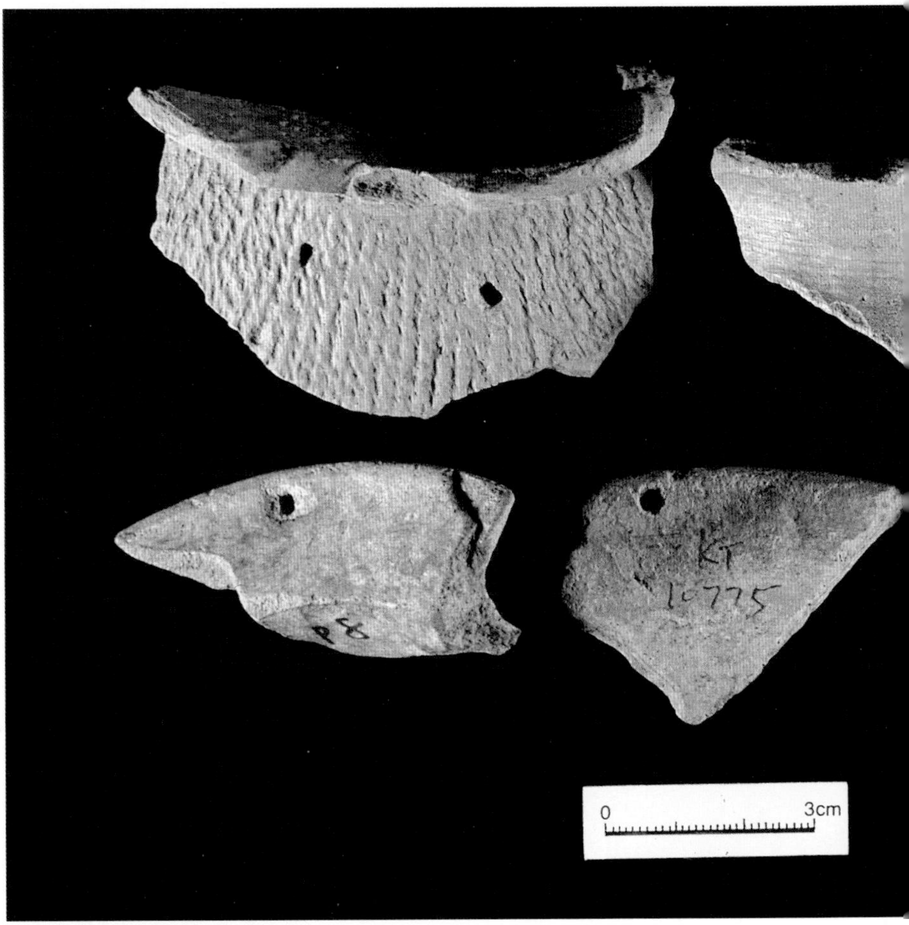

● 墾丁發掘出土帶有豆粒痕跡的陶片。（上圖）

● 墾丁發掘出土的玉製鈴形飾物 。（右圖）

五、除了日用器物之外，並有裝飾用品、儀式用品、隨葬用品等較為精緻器物的製作與使用，有其藝術風格的表現，也見其精神生活的層面。

六、從男、女兩性製作器物表現的風格異同性，以及墓葬資料的相關分析，可見其社會組織有類似社群外婚、婚後從妻居的居處法則。

七、墓葬雖有集中分布現象，但與居住區並無特殊分劃。主要循守仰身直肢、使用長方形石板棺建構的葬俗；也見有其它方式者，例如有直肢無石棺者，有仰身屈肢無石棺者，顯示對待死者的方式並不相同。石板棺的建構是以此為目前臺灣考古所見最早者。若干頭骨見有拔齒習俗（或為一項禮俗），這也是目前臺灣考古所見最早者。此外，墓葬普遍有遭受破壞的現象，似可顯示或曾有過來自其他群體或族群的衝突。

八、體質特徵可顯示與臺灣東海岸阿美族的若干體質關係。若干行為的秩序和器物形制也顯示兩者或有的傳承關係。

九、中國新石器時代陶器的製作，筆者認為在繩紋陶的底子之上有不同陶業傳統的發展，而這些不同的傳統通常用來標示不同的新石器文化：彩陶（仰韶及其相關文化），黑陶（龍山及其相關文化），幾何印紋陶，以及持續型繩紋陶。鵝鑾鼻第二史前文化相的陶器製作或即屬持續型繩紋陶傳統；而前述的大坌坑文化的陶業或即為其前身。

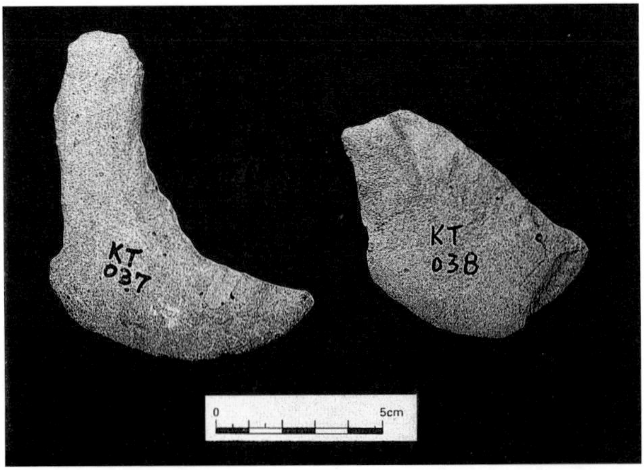

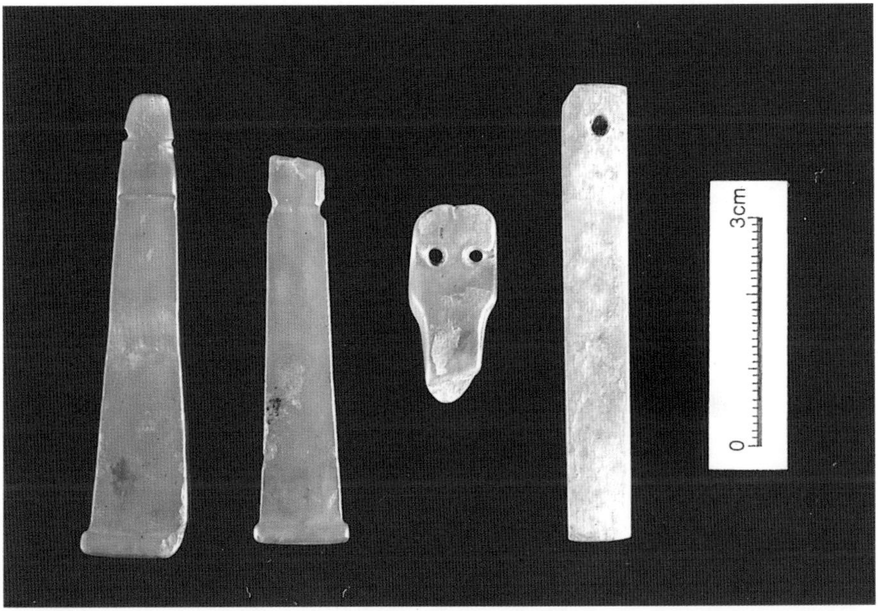

● 墾丁發掘出土的玉製冊形飾物。（上圖）

● 墾丁發掘出土的骨器。（下圖）

● 靴形石刀。（右頁圖）

鵝鑾鼻第三史前文化相

鵝鑾鼻第三史前文化相以陶器中持續出現彩繪紋飾引人注目；其出土頻率雖然在整個陶器遺留中佔的比例不大，但卻有其敏感性。臺灣地區發現彩陶的新石器時代史前遺址，目前所知者，有本島北部臺北市的芝山巖、圓山，中部大肚溪北岸的社腳，南部高雄市的桃子園、高雄縣林園鄉的鳳鼻頭，東部臺東縣卑南鄉的卑南，以及離島馬公的良文港等遺址。公園區內的鵝鑾鼻第二史前遺址、番仔洞史前遺址是高雄地區以南發現彩陶的兩處重要考古遺址；其中尤以鵝鑾鼻第二史前遺址為代表遺址。這一遺址甚至有四層文化的堆積，分別屬於鵝鑾鼻第一史前文化相、墾丁史前文化相（原稱鵝鑾鼻第二史前文化相）、鵝鑾鼻第三史前文化相、與鵝鑾鼻第四史前文化相，是臺灣地區所罕見的。（圖三）

鵝鑾鼻第三文化相的年代，距今約為三千年前後。從鵝鑾鼻第二史前遺址測得的碳十四年代為2,730±120B.P.（半衰期為五，五六八年，以貝殼標本送檢）。出土的遺留有：陶片、陶紡輪、陶環、打製石斧、磨製石斧、打製石鋤、石碇、石鑿、石片器、靴形石刀、馬鞍形石刀、長方形石刀，尖刀、特殊形石刀、槍頭、矛頭、石鏃、石尖器、礫石砍器，石片砍器、石子器、砝碼型網墜、兩縊型網墜、三縊型網墜、帶槽卵形網墜、凹石、石環、砥石、礪石、廢石料、貝刮器、貝網墜、貝匙、貝飾、貝環、穿孔貝片、貝料、骨匕、骨鑿、骨尖器、帶鉤骨針、骨魚鉤、骨料、貝殼、獸骨、魚骨、龜甲、鳥骨等。以陶片出土量最為龐大。

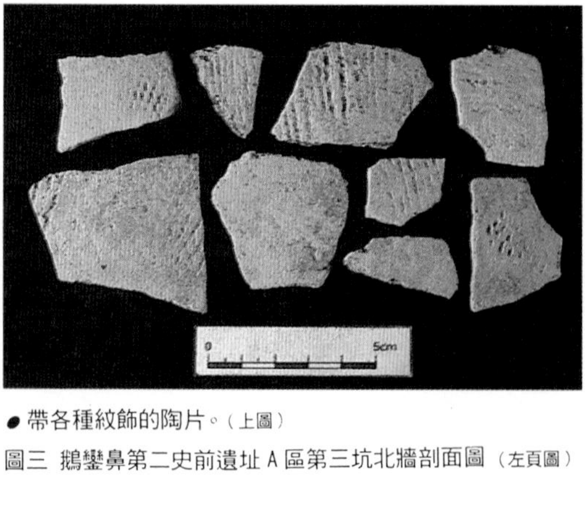

● 帶各種紋飾的陶片。（上圖）

圖三 鵝鑾鼻第二史前遺址 A 區第三坑北牆剖面圖（左頁圖）

對於鵝鑾鼻第三文化相的認識，可列舉如下：

一、定居的聚落佔地較小，惟文化層堆積較厚（與第二文化層次相較），有群體分散居住現象。選擇的聚落位置較封閉，似具有防禦性的目的；此外，低地、近海、背風、淡水水源、耕地、糧食資源、燃料等仍為選擇考慮之條件。為海岸低地之適應型態。

二、鵝鑾鼻第三史前文化相值得矚目的是其生業型態。當時人類對於海域資源的認識與掌握，從相關的遺留組合上（例如漁具、食物處理工具、魚骨與貝殼遺留等），可看出其特殊的表現與依賴。農耕活動的重要性相對地有降低趨勢；此從生產工具出土的相對頻率即可看出。此外，狩獵、採集仍為重要的生業活動。

三、器物種類的更見增加與功能的

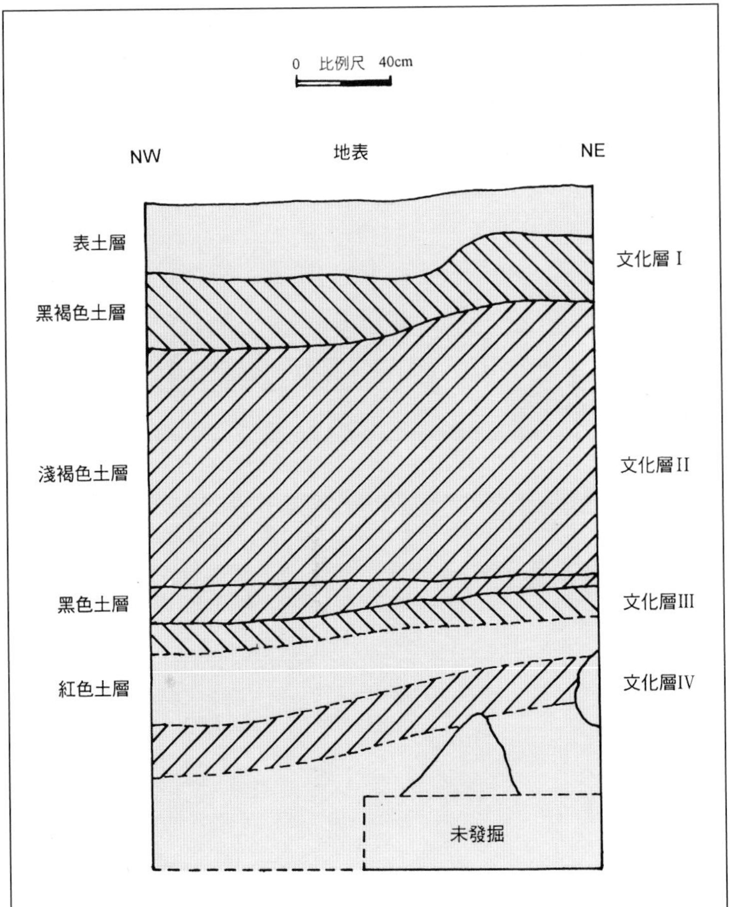

更形分化都極為明顯。若干器物甚至為臺灣考古上初見之物，或罕見之物；當有其地緣的意義。若干特殊器物也顯示與臺灣其它地區同層次（尤其以時間層次而言）具有彩陶的史前文化之間的互動關係。

四、男、女兩性製作器物表現的風格異同性，顯示其社會組織或有類似社群外婚、婚後從妻居的居處法則。

五、鵝鑾鼻第三史前文化相與墾丁史前文化相之間，文化的淵源關係並不直接銜接；這一點尤其可以從陶器製作的技術、型制、裝飾風格的比較分析中明顯地看出。另一方面，若干器物卻也能顯示兩者之某種前後傳承、文化接觸的地緣關係，例如靴形石刀、陶環、貝刮器、砝碼型網墜、兩縊型網墜等。

● 出土之打製石斧。（上圖）
● 出土的彩繪陶片。（下圖）
● 出土之石刀。（左頁圖）

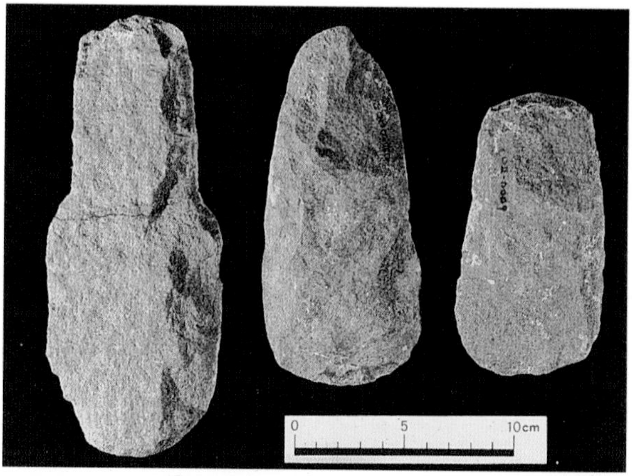

鵝鑾鼻第四史前文化相

在器物製作風格、型制與工藝技術的表現上，鵝鑾鼻第四史前文化相與鵝鑾鼻第三史前文化相之間有明顯的直接承傳關係。文化層的堆積，在鵝鑾鼻第二史前遺址與番仔洞史前遺址也見有兩者上下直接疊壓的現象。但是，鵝鑾鼻第四文化相以陶器主流地出現不具紋飾素面而令人矚目；文化層的堆積，貝殼遺留更顯示有急劇銳減的趨勢。因此，另外劃分出一個文化相，可以鵝鑾鼻第二史前遺址為代表遺址。

鵝鑾鼻第四史前文化相的年代可早至距今二千五百年前後。從鵝鑾鼻第二史前遺址測得的碳十四年代為 3,120 ± 60 B.P.（半衰期為五，五六八年，以木炭標本送檢）。出土的遺留主要包括：陶片、陶紡輪、陶環、打製石斧、打製石鋤、石硛、石鑿、石片器、靴形石刀、馬鞍形石刀、長方形石刀、尖刀、特殊形石刀、矛頭、石礦、礫石砍器、石片砍器、砝碼型網墜、兩縊型網墜、帶槽卵形網墜、凹石、砥石、礪石、廢石料、貝刮器、貝網墜、骨匕、骨鑿、骨尖器、帶鉤骨針、骨飾、骨器殘件、骨料、貝殼、獸骨、魚骨、龜甲等。以陶片出土量最多。

對於這一文化相的若干認識，可以列述如下：

一、定居的聚落佔地仍較窄，群體分散居住的聚落漸有群體集中居住的趨向。聚落的位置選擇空間開闊之地；低地、近海、背風、淡水水源、耕地、糧食資源、燃料等仍為選擇考慮之條件。

二、雖主要為海岸低地之適應型態，但對於海域資源的依賴顯著降

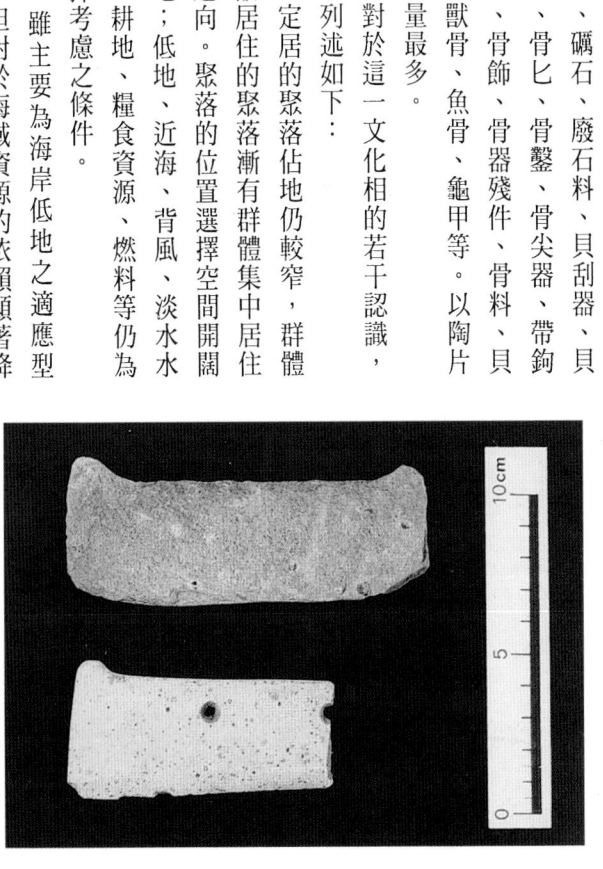

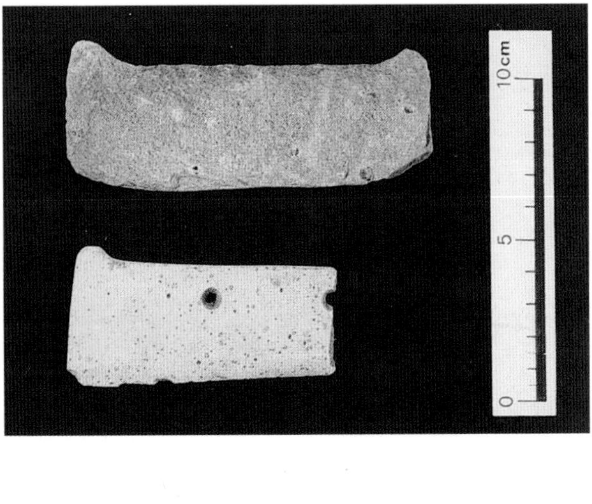

低；生產工具出土的相對頻率顯示農耕活動又見增加。若干遺址分布於丘陵低處的緩斜坡上，海拔高度較低地遺址稍高，離海岸也稍有距離，此也或與農耕活動的增加有關。漁撈、狩獵、採集仍為重要之生業活動。

三、女性製作器物風格之相似性，男性製作器物風格之相異性，持續顯示其社會組織有類似社群外婚、婚後從妻居的居處法則。

四、臺灣史前時期的文化與臺灣土著高山族、平埔族之間的關係，由於臺灣史前文化遠較進入歷史時期的文化要悠久而複雜，至今仍然不易做較為滿意的解釋；但是就現有的民族學與考古學的資料看，卻也不能完全否決兩者之間的文化先後的若干傳承關係。公園範圍區內至今仍有土著排灣族與阿美族居住分佈，文獻資料更有西拉雅平埔族的活動紀錄，在瞭解公園區土著民族與史前時期文化之間的關係，鵝鑾鼻第四文化相的發展當居於極為要緊的銜接地位。

響林史前文化相

響林史前文化相所代表的史前文化主要分布在港口溪的河谷區，文化表現的適應與前述海岸低地的適應型態不同；依賴海域資源的活動，例如採貝、漁撈等幾乎不見。

響林史前文化相的年代，以相對年代推測或可早至距今二千七百年前後。由於調查活動，目前只到地表採集標本，尋找遺址的階段，尚未做過探坑試掘，目前對於文化內容的認識仍屬有限。響林史前遺址已遭摧毀；後壁山第一史前遺址保存完整，經過發掘調查以後，或可做為文化相的代表遺址。

主要發現的文化遺留包括：陶片、磨製片狀端刃器、打製石斧、磨製石硶、石碰、石器殘件、穿孔板岩片、石板棺墓葬等。陶片雖也以紅色、素面引人注目，但是陶質

● 響林考古遺址一景。（上圖）
● 出土之螺蓋製刮器（貝刮器）。（右頁上圖）
● 出土之磨製石硶。（右頁下圖）

鬆軟，與鵝鑾鼻第四史前文化相的素面紅陶不盡相同。

龜山史前文化相

龜山史前文化相所代表的文

化，在公園區內目前僅見於龜山第二史前遺址；在臺灣地區目前也是第一次發現。這一文化相的年代，以相對年代推測，或可早至距今二千年前後。從試掘調查得到的遺留包括：有刃鐵器、帶釉硬陶片、陶片、陶紡輪、陶環、動物形陶偶、打製石鋤、磨製石斧、石碰、凹石、砝碼型網墜、石器殘件、石料、貝剖器、骨尖器、骨料、獸骨、貝殼等。其中以陶片出土量最多。

對於這一文化相的初步認識，已有下列各項可以指出：

一、器物的使用已見有鐵器，進入所謂的「金石並用」時期。整個臺灣地區早期文化的發展，幾乎不見銅器的使用；而直接導進鐵器與石器並用。以華北為中心，以及東南亞為中心的青銅器製作的發展並未波及到臺灣地區；臺灣在文化發展上，似為一孤立時期。

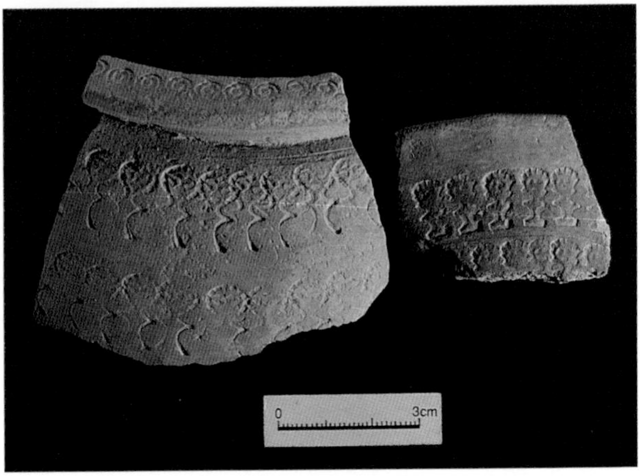

● 龜山考古遺址一景。（上圖）
● 出土的人形紋陶。（下圖）
● 掀開蓋板後的石棺。（右頁上圖）
● 福林路遺址，標竿處為石棺位置。（右頁中圖）
● 出土的陶片。（右頁下圖）

二、器物中最具特色的是其陶器製作上的特殊表現。概括而言，有下列特徵：（一）燒製火候相當高；器表與胎心顏色仍以紅橙色為主，但黑色與灰色已見相當頻率。（二）容器在形制上出現相當數目的碗形器；此外圈足顯然仍為穩定容器的主要裝置。（三）器表普見有紅色色衣。（四）多為素面；紋飾則以人形紋、人頭紋、弦紋、幾何紋、條紋為主，其中除了條紋在器表為印壓滿裝之外，其餘紋飾以印壓、刻劃、或刺點成累疊帶狀的方式表現。此外，陶器中的帶釉硬陶僅發現數片碎片，或為貿易所得之物。

三、生業活動，除了農耕之外，漁撈、狩獵、採集仍屬重要。對於海域資源的依賴，在採貝的選擇上與前述的文化相不盡相同；前述利用海域資源的文化相，貝類的採集以採集夜光蠑螺、銀口蠑螺、珠螺為主，而龜山史前文化相則以雙殼貝的採集為特徵。

四、對於龜山史前文化相所代表的文化內容有待進一層了解。龜山第二史前遺址所見的文化層的堆積，厚達二百四十公分，其定居持續的時間必不是一個很短暫的時間；因此推測龜山第二史前遺址當不是一個孤立出現的遺址。同一文化相的遺留當不只龜山第二史前遺址一處。目前暫以龜山第二史前遺址為代表遺址。

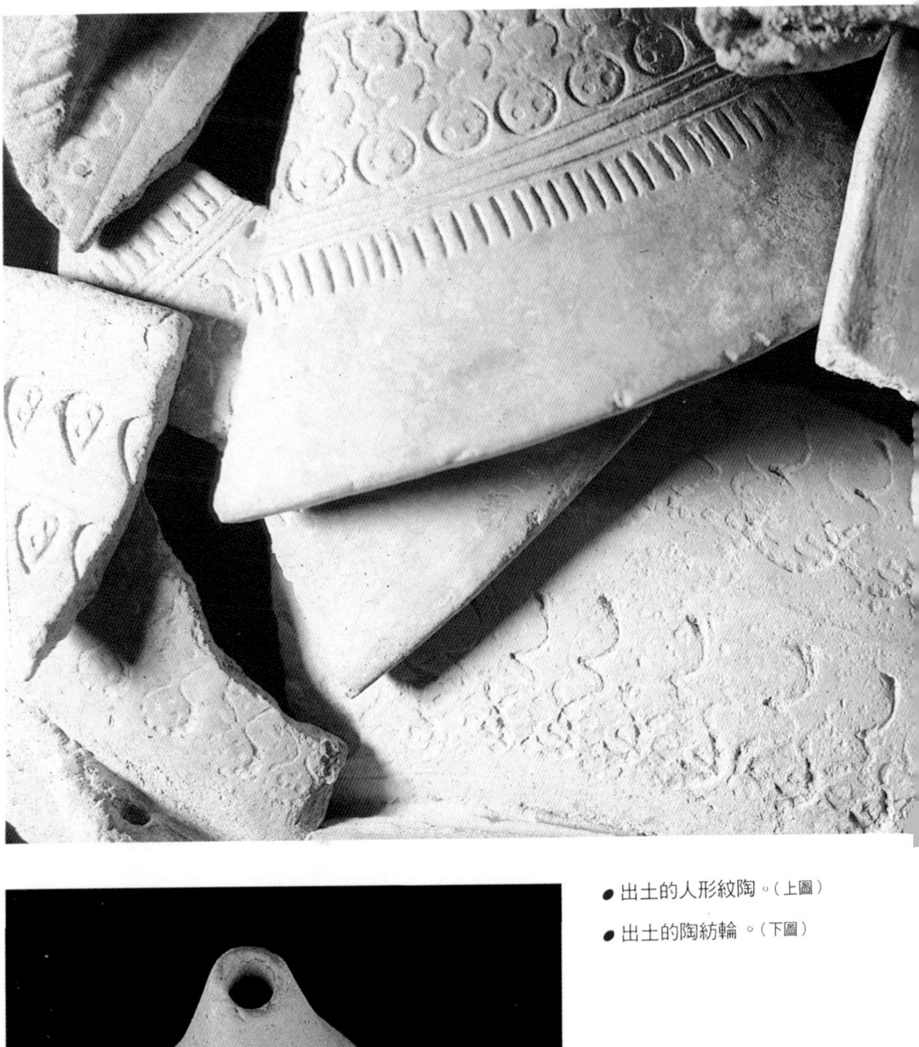

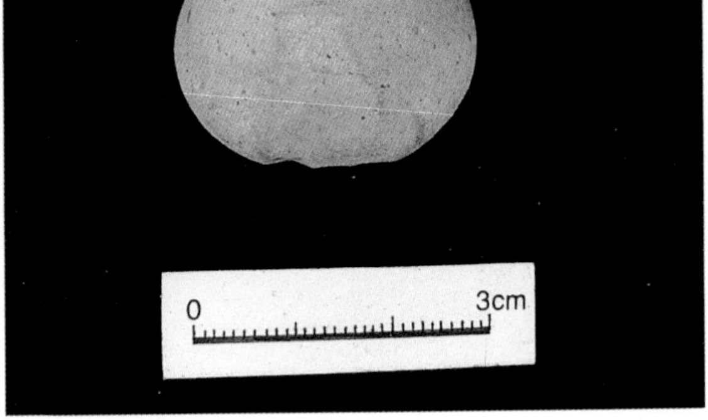

● 出土的人形紋陶。（上圖）

● 出土的陶紡輪 。（下圖）

0
5cm

0
3cm

- 出土的帶狀花紋陶。（上圖）
- 出土的人形紋陶。（下圖）
- 幾何印紋陶。（右頁上圖）
- 出土的人形紋陶。（右頁下圖）

0
5cm

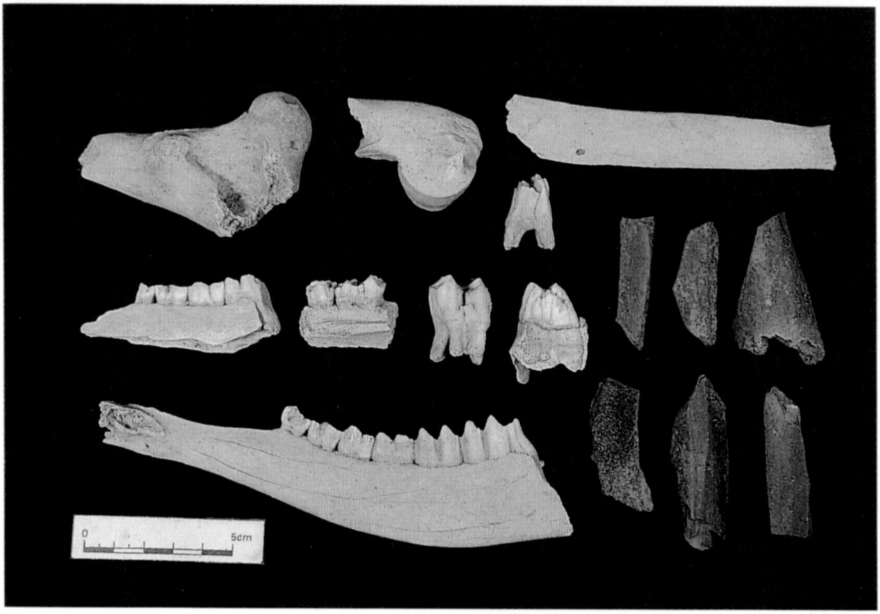
0
5cm

- 出土的黑陶。（上圖）
- 出土的磨製石器。（下圖）
- 出土的貝。（右頁上圖）
- 出土的獸骨。（右頁下圖）

阿美文化相

臺灣土著民族現有的人數已超過三十萬人；分為泰雅族（Atayal）、賽夏族（Saisiyat）、布農族（Bunun）、邵族（Thao）、鄒族（Tsou）、魯凱族（Rukai）、排灣族（Paiwan）、卑南族（Puyuma）、阿美族（Ami）、雅美族（Yami）等十個族群，居住於中央山地、臺東花蓮縱谷、以及蘭嶼離島。（圖四）此外，在宜蘭及西部平原，由北至南也曾為平埔族所居住；他們至少有十個族群，包括噶瑪蘭族（Kavalan）、凱達格蘭族（Ketagalan）、雷朗族（Luilang）、道卡斯族（Taokas）、巴則海族（Pazeh）、巴布拉族（Papora）、猫霧捒族（Babuza）、邵族（Thao）、荷安耶族（Hoanya）、西拉雅族（Siraya）等。在一九二七年（民國十六年），平埔族的總人數還有五二、五九八人；至今，除了邵族之外，幾爲漢人所同化而不見其蹤影。平埔族與前述現存的土著高山族都是屬於南島語系（Austro-nesian）的民族。

阿美文化相，以阿美族文化為代表；其存在的年代或可早至距今一千五百年前後。

阿美族分布於花蓮至臺東一帶的縱谷平原，以及臺東海岸山脈外側的海岸平原，是臺灣目前土著民族中人口最多的一個族群，估計超過十萬人；在民國五十三年（1964）的總人口數已達八九、八〇二人。早期民族學者將其分為五群：南勢阿美、秀姑巒阿美、海岸阿美、卑南阿美、恆春阿美。後者學者將其分為北、中、南三個阿美群；也有學者將其僅分為南、北兩群。恆春半島牡丹鄉旭海村，滿州鄉響林

● 出土的石杵。（上圖）

● 溪內遺址。（下圖）

村、九棚村、永靖村一帶分佈的阿美族居民即屬南阿美群（恆春阿美）。

阿美族的親族結構是以母系社會、大家族制、氏族單位為其特色。親族組織雖以女性為中心，但其社會組織則以男性為中心，主要是藉著年齡階級組織和部落會所來運作。

阿美族的生業型態以稻作農耕為主，另有河川及海上捕魚；而狩獵已成儀式性及娛樂性活動。工藝技術以編籃與紡織較為精良並能製作陶器，但限女性製作。

阿美族的宗教信仰是多神教信仰；除了信仰人鬼之外，還有各種自然神，例如日神、月神、司命神、守護神等。對待死者，也有善惡之別。

阿美族的居住高度，以一九二九年（民國十八年）的資料為例，

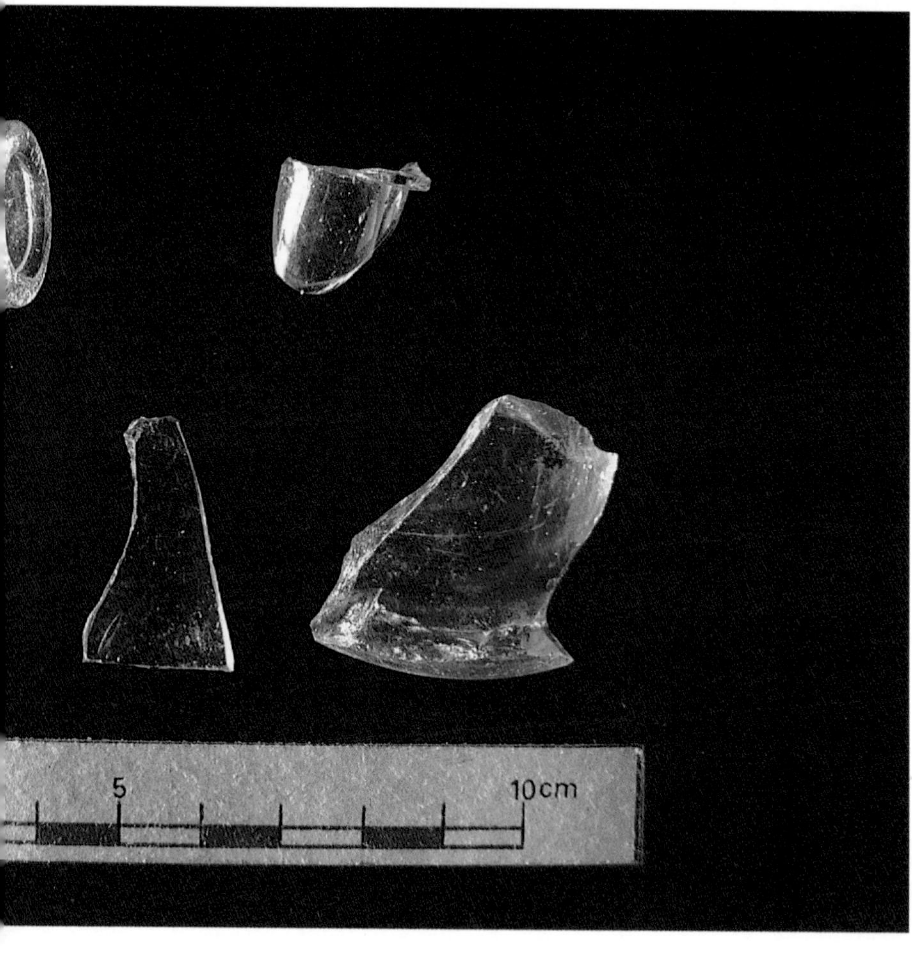

總人口數為四二、〇二八人，其中百分之五六．二的人口住在海拔高度〇至一百公尺，百分之四三．八的人口住在海拔高度一百至五百公尺。阿美族的聚落型態是以定居、大聚落、強烈的界域形式和完整的道路系統為其特點。其建築包括家屋和附屬設施（如廚房、作業室、穀倉、畜舍等）、祖祠及頭骨棚、公所，以及其他建築如田中小屋、墓地、喪廬、水車舂米房、社門及竹籬等。主要建材包括木、竹、籐與茅草。墓葬建築在早期有用石板者。

阿美族對其遷移，主要有從南方海上蘭嶼、綠島移來的傳說。對於阿美族文化早期的發展，至今認識有限。公園區內港口路史前遺址，以及鄰近公園區的溪內史前遺址或都為阿美文化早期的遺址，發現的遺留包括：石杵、瓷片、玻璃碎片、建築遺存等。其中溪內史前遺址保存完整，建築房屋雖都已傾圮，經過發掘調查以後，對於當時之聚落、建築結構等或可復原至相當的程度，對於文化內容也能獲得深一層的認識。港口路史前遺址雖見部分房基礎石，但已經移動失去了秩序。

臺灣舊社部分的考古工作，有待考古學者與人類學者的整合專業調查與研究，目前正在進行中。

●溪內史前遺址採集之玻璃。

排灣文化相

排灣文化相，以排灣族文化為代表；其存在的時間或也可早至距今一千五百年前後，或稍晚。

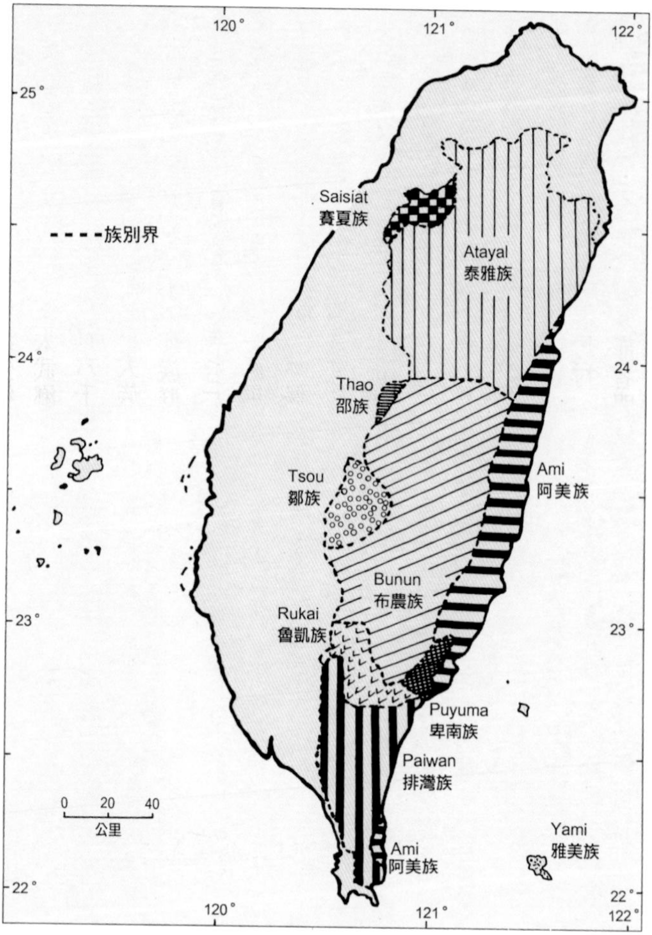

圖四 台灣高山族族別分布（資料根據 1964 年年底台灣高山族人口分布繪製）（上圖）

● 南仁山史前遺址。（左圖）

排灣族分布在本省南部中央山脈（知本主山以南）東西兩側，海拔五百公尺至一千三百公尺的山地，主要居住地包括屏東縣三地鄉、泰武鄉、瑪家鄉、來義鄉、看日鄉、獅子鄉、牡丹鄉、滿州鄉和臺東縣的金峰鄉、達仁鄉、太武鄉、太麻里鄉等。其人口約有六千餘人，為臺灣土著民族的第三大族。

排灣族一般慣分為下列族群：一、西排灣：拉瓦爾群（Raval）、布曹爾群（Butsul）、巴武馬群（Pau-maumag）。二、察敖保爾（Chaoboobol）：萃芢群（Subon）、恆春上群、恆春下群。三、東排灣：太麻里群。四、斯卡羅群（Suqaroqaro）：斯卡羅群（Suqaraquaro）、巴利澤敖群（Parilarilao）、東部海岸群、恆春半島牡丹鄉東源村、牡丹村、石門村、四林村、高士村分佈者即屬

巴利澤敖群；恆春鎮仁壽里、龍水里，滿州鄉永靖村、里德村分佈者即屬斯卡羅群；獅子鄉楓村、竹坑村、丹路村、草埔村分佈者即屬恆春下群。恆春半島的排灣族群皆屬自北南遷者。

排灣族的社會組織是以地主、貴族及佃農平民形成的二階級封建組織為特徵；其親族組織，以長嗣繼嗣及兩性平權為親系法則主要的構造範疇。排灣族的土地財產權，除了水源、集會所、道路為部落公產之外，其餘都是私有財產，集中在少數的地主宗家，而向佃民徵收各種租賦，此即為其封建制度的基礎。

排灣族的生業型態以山地原始旱田農業為主（作物以粟、旱稻、芋藷等為主），狩獵、採集、山溪捕魚為副。

排灣族的木雕工藝極為發達，

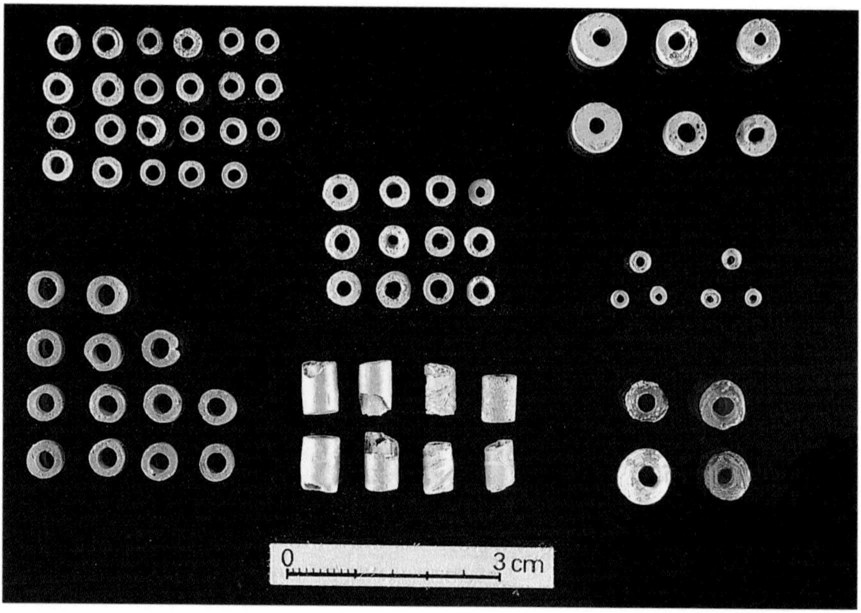

主要雕刻題材包括人頭、人像、蛇紋、鹿紋等，可見於家屋建築、家具、日常用具、武器、宗教用具之上。排灣族的宗教信仰傾向多神教與祖先崇拜。

由於排灣族為多元複合部落，其聚落型態有時為一少數幾家構成之集中村落，有時則由若干毗鄰之小村落集合成一較完整之聚落，而建立成一個完整的地域自治組織，排灣族的建築類型包括家屋、會所、首棚、靈屋，及附屬設施（如穀倉、司令臺）等。建築使用的材料有石材、木材、竹材、茅草等。

排灣族對其發祥，主要的傳說為來自高山（大武山）。學者對於排灣族文化早期的發展，同樣地，至今的認識仍屬有限。

公園區內的南仁山史前遺址可為排灣文化相的代表遺址；以砂岩石板為建材的房屋建築雖已傾圮，

● 石板棺墓葬。（上圖）
● 南仁山史前遺址。（下圖）
● 墓葬內的陪葬飾物。（右頁圖）

但是整個聚落保存仍屬完整。從試掘調查發現的遺留包括：石臼、磨製石鑿、琉璃珠，有刃鐵器、銅環、室內石板棺墓葬等。此外，若從其建築結構與風格，當時居民在室內

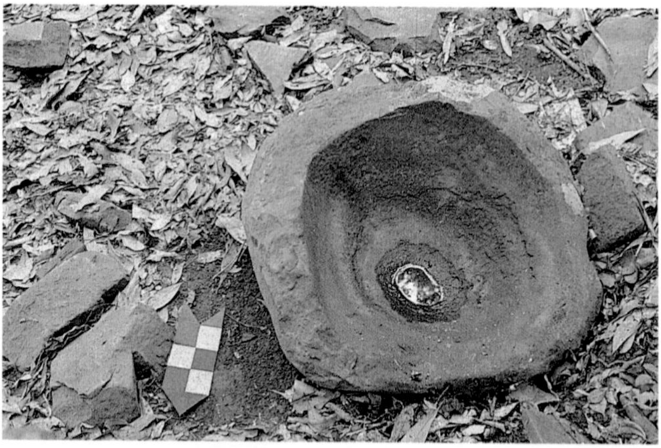

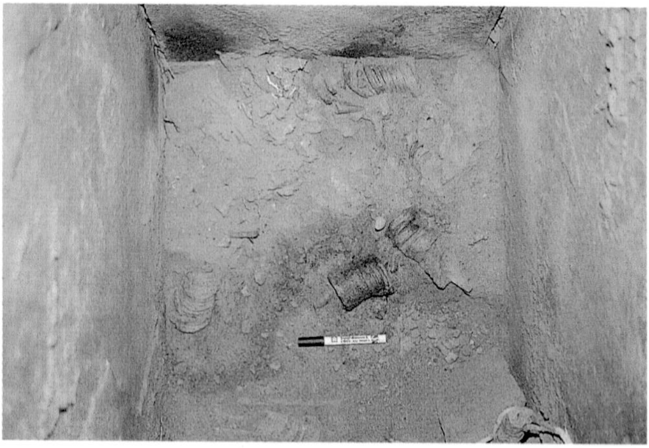

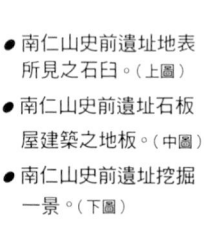

● 南仁山史前遺址地表所見之石臼。（上圖）

● 南仁山史前遺址石板屋建築之地板。（中圖）

● 南仁山史前遺址挖掘一景。（下圖）

身體活動的姿勢、住屋空間的使用功能、室外建築與室外空間的利用、石板建材取得的難易等方面做一綜合想法，當可以澄清例如有關矮人族之類的傳說。

西拉雅文化相

西拉雅文化相以西拉雅平埔族文化為代表，其存在的時間可早至距今一千二百年前後。

西拉雅族經過漢化以後，其固有的文化多不存在，其語言也成為死語；但從文獻資料的瞭解，西拉雅族可包括三個族群：西拉雅群（Siraya proper）、Taivoran 群、MaKatao 群。在一八〇四年（清嘉慶九年）以前至荷蘭人佔領末期，西拉雅族原分佈於臺南、高雄、屏東三縣境。其中西拉雅群在西，分布於臺南市附近一帶平地，其主要部落如新港、麻豆、蕭壠、大目降等社為荷蘭時代及明鄭著名的番社。Taivoran 群在東，分布於臺南縣玉井鄉一帶；主要的部落有頭社、霄里社、茄拔社，芒仔芒社等。Makatao 群在南，分布於高雄、屏東二縣下淡水溪一帶；主要部落有阿猴、放索、上下淡水等社。西拉雅族與漢人接觸最早，移動也繁；最初移居之地為中央山脈的邊緣以及屏東縣恆春地區，而與排灣族為鄰。其後，西拉雅族亦有東遷至臺東一帶，甚至北至花蓮縣境者；自恆春沿海岸至臺東為其東遷重要路線之一。顯然恆春半島曾經是西拉雅平埔族重要的活動區；而其時間當早於文獻的紀錄。

西拉雅族對其發祥，有從小琉球渡海而來的傳說。西拉雅早期文化的發展，長時間以來，學者已經注意到分布在臺南、高雄一帶的所謂「蔦松文化」與西拉雅族之間的先後文化關係。有關西拉雅文化的分布區、年代上下限、生態環境、製陶、祭壺、獵頭、母系社會組織、生業方式（農耕、狩獵、漁撈、採集）等為目前比較研究提及的若干重點。可說深入的認識仍屬有限。

蔦松文化在台南、高雄一帶史前文化的地位與墾丁國家公園範圍區內的鵝鑾鼻第四史前文化相相當。公園區內的若干遺址，例如豬勝東山史前遺址或即屬於西拉雅文化相的聚落遺址。

漢文化相

漢文化相，以早期遷臺的漢人移民所留下的文化為代表。恆春地區（瑯嶠地區）最早的漢人移民或可上溯到南宋末年帝昺（一二七八）厓山之役失敗以後渡海逃遁而來者；但是，有規模的拓殖則遲至明鄭永曆十五年（一六六一）頒諭文武官員、士兵、百姓之開墾章程以後才見到。瑯嶠地區，相傳鄭氏軍隊曾在車城灣登陸，有朱、柯、趙、黃各姓屯弁與兵丁，即於附近平埔開屯招佃，以墾闢統領埔、射寮、大樹房、網紗諸莊；皆在現在的車城鄉地區。清同治十三年（一八七四），在琅嶠設縣，改名恆春。漢人早期開拓到墾丁地區已遲至清光緒三年（一八七七）。鵝鑾鼻燈塔的興建更遲至清光緒八年（一八八二）。

明末早期漢人的移入，帶進文字，而結束了持續長達五千年之久的史前時期。其後即進入所謂的「歷史時期」。

上列墾丁國家公園範圍內的文化發展層次，是以前所得的調查資料而建立。未來將繼續根據新的資料、新的驗證，以及事實的改變而做修正。

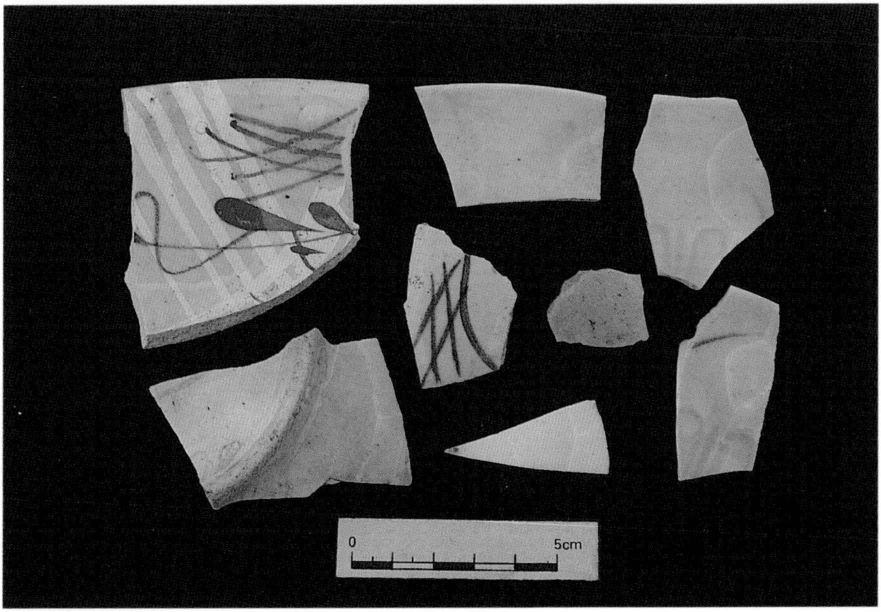

● 四溝出土的瓷片。（上圖）

● 檳榔坑出土的瓷片。（下圖）

● 漢文化相出土遺址一景。（右頁圖）

第三章
臺灣：罕見的考古學實驗室

● 石板屋是臺灣原住民留下的聚落遺跡，
房屋皆用石板建造。
這類石屋群分布於公園區的東北部，
大都埋藏在荒山野林裡，
有待日後揭開它們神祕的面紗。

學者認為臺灣是一個人類學研究的自然實驗室。同樣地，筆者也認為臺灣是一個考古學研究的自然實驗室；並且是世界上至為珍貴而罕見的一處考古學研究的自然實驗室。

臺灣考古的研究，筆者認為在其研究的取向上有幾個重要的階段：（一）一八九六年至一九三〇年代早期，以古器物的研究為主要取向。（二）一九三〇年代中期至一九六〇年代早期，以族群文化淵緣的研究為主要取向。（三）一九六〇年代中期至一九七〇年代早期，以人與環境的研究為主要取向。（四）一九七〇年代中期以後，則期望對於人類過去的行為與文化有所解釋、有所瞭解，而有所謂人類學取向研究的導進。雖然，臺灣考古目前還沒有發現人類早期的文化遺留或化石遺留；臺灣也不是古文化發祥或發展的中心地帶；臺灣更未見到燦爛的古文明及其精緻的古器物遺留；但是，若以考古學現階段的研究取向而言，期望對於人類過去的行為與文化有所解釋、有所瞭解，甚而理出行為、文化的規律，臺灣考古則有其極為優越、得天獨厚的條件，可從其地緣關係、生態環境、研究資料與研究環境四方面看：

一、地緣關係

（一）地理上，臺灣位於東亞大陸棚的邊緣，為一主要大島，介於大陸與海洋之間。臺灣四面的經緯度，極東是東經 124° 34'10"（宜蘭縣赤尾嶼東端）；極西是東經 119° 18'30"（澎湖縣花嶼西端）；極南是北緯 25° 56'20"（宜蘭縣黃尾嶼北端）。北回歸線經過嘉義的南郊，橫貫臺灣本島。

（二）臺灣地處亞洲大陸與西太平洋島嶼之間的橋樑位置。西有澎湖群島與我國大陸相連（隔臺灣海峽與福建相望，寬處不到二百公里，狹處只有一三〇餘公里），東北有琉球島弧與日本、東北亞相連（從基隆到沖繩相距六百公里；從蘇澳到石垣島，只有二二〇公里），南有蘭嶼、巴丹島與菲律賓、南太平洋島嶼、印尼群島相連（隔巴士海峽和呂宋島相對，約距三百公里）。另一方面，臺灣更為渤海、黃海、東海周緣島嶼、陸地海岸與南海周緣島嶼、陸地海岸以及太平洋西緣島弧環結樞紐之北。

（三）臺灣地處東亞大陸與西南太平洋島嶼之間的門戶位置。另一進出的門戶之地即為中南半島，以及向南延伸的馬來半島。

（四）在更新世幾次冰河期間，冰雪存積陸地，引起海水面下降，臺灣曾經數次與我國大陸以陸地（陸橋）相連接。更新世以來，全球曾有四次至五次冰期發生，每次冰期，海水面下降約在一百公尺左右；而臺灣海峽，一般深度為五十

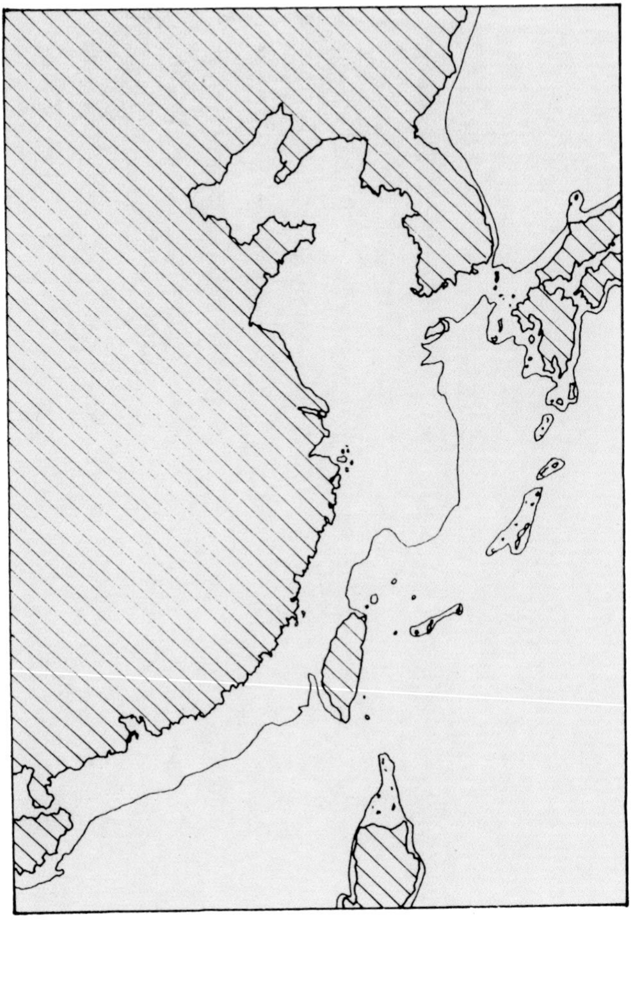

● 米崙亞冰期古地理圖，說明冰河時期台灣海峽成陸的狀態。（引自宋文薰 1981 圖版 64）

至六十公尺，甚少超過八十公尺的；因此，每次冰期來臨的時候，臺灣與我國大陸即可相連接。不僅為動物移動的通路，甚至也為早期人類移動的通路。事實上，現在的海水面，若降低三十五公尺，若干地方即可相連接。

二、生態環境

（一）臺灣本島，南北之長為三九四公里（由富貴角至鵝鑾鼻）；東西最寬處一四四公里（由新港至新社）；面積有三五、七五九平方公里。若與離島面積合計，則為三五、九八一平方公里。大小附屬島嶼有七十八個，其中澎湖群島有六十四個。臺灣面積不大，但其地形、海拔與氣候的變化卻構成非常複雜的島嶼生態環境。

（二）臺灣的地形變化多端；依據地勢、地質及地形史的不同，臺灣的地形區即可劃分為：(1)山地；(2)火山；(3)山麓丘陵地及切割臺地；(4)臺地；(5)盆地；(6)平原；(7)隆起珊瑚礁；(8)海岸；(9)火山島。各大地形區之下又可進一步細分。臺灣的氣候，在小範圍內就有寒帶（中部高山）、溫帶、亞熱帶、熱帶。若根據 Thornthwaites System 的分類，可細分達二十種之多。

（三）臺灣動物、植物群落複雜，種類繁多；地形、海拔、氣候的變化，以及臺灣的特殊地緣關係是其形成的主要原因。另一方面，種類繁多，但群體小，因而稀有種也多。

三、研究資料

（一）臺灣雖然地處邊陲，但從史前時期即有頻繁的族群活動。臺灣地區的考古遺址有屬史前考古的史前遺址（土著考古的舊社遺址也可歸屬在內）和歷史考古的歷史遺址；各類遺址都有相當高的分布密度。臺灣地區目前所知的考古遺址已超過千處，由此可見其密集性。臺灣考古的研究資料，在時間上有其悠久性，在空間上有其變化性，在群體上有其複雜性；可說研究資料至為豐富。

（二）過去人類的行為、文化，學者不僅在臺灣可以觀察到邊陲地區的特殊現象；並且可以看到同時性的或異時性的人際之間以及人與自然環境之間互動和適應的複雜現象。除了「適應」現象之外，也見「演化變遷」與「抉擇」現象。

（三）臺灣地區史前時期與歷史時期文化的發展，因其特殊地緣關係，另一方面，可見有外來移入者，有本地發展者，有向外移出者。大規模的航海活動，或較目前推測者為早。

（四）再者，臺灣曾與東亞大陸相連，也深具發現早期人類文化遺留與化石遺留的潛力。目前已有百萬年的哺乳類大型動物化石的發現；此些動物正是早期人類狩獵追逐的對象。

四、研究環境

（一）臺灣面積不大，地域上並有明顯的範圍界限，學者在從事研究工作之時，空間範圍容易掌握與控制。

（二）臺灣具有豐富的民族學資料，考古學可以因而結合人類學者的研究做類比研究，對於人類過去的文化與行為秩序、規律可有更多的認識與了解。另一方面，由於考古研究資料有其較長的時間深度，也有助於人類學者對於現生人類行為與文化的研究，而有長時間的整體觀察與理論之建立。

（三）臺灣地區的考古研究，至今

的發展已有百年歷史，在前輩學者的帶領之下，已有其深厚的基礎。人類學的研究也屬如此。另一方面，臺灣是一個學術研究開放之地，考古學的發展也能緊跟世界潮流之水準。

（四）與考古學研究相關的學科以及科技的發展，在臺灣地區已有相當的成就；極易獲得科際整合的輔助合作。臺灣地區資訊科技與工業的發展，對於研究資料的處理與分析即為一顯著的例子。

（五）對於古代文化資產的維護，法律上，我國已於民國七十一年（一

● 作者在發掘過程中進行過篩工作的情形。（上圖）

● 作者在發掘現場接受採訪情形。（左頁圖）

九八二）五月二十六日公布「文化資產保存法」；七十三年（一九八四）二月二十二日更公布「文化資產保存法施行細則」；若干重要考古遺址與古文化遺留當可依據法律而得以保存。

（六）社會大眾對於古代文化資產維護保存的意願與關心逐漸增高；對於維護保存的意義也逐漸有較深入的認識。

（七）行政院國家科學委員會提倡人文社會科學的均衡發展，從而亦將提升考古學、人類學的研究。

基於上列的各項優良條件，相信臺灣考古的研究對於考古學以及人類學的發展，必有其肯定的貢獻與影響，而在世界考古學、人類學的發展上佔一席地。

第四章

結語

●利用砂岩鑿成的石臼，發現於南仁山石板屋遺址，為原住民樁米所用。

整個臺灣固然是一個人類學研究的自然實驗室，是一個考古學研究的自然實驗室；從本書所談之部分，即也當可瞭解，恆春半島地區更是實驗室中重要的一角；而又何其有幸在這裡設置了我國第一處國家公園。公園區內未來的研究工作，將是關心東亞地區的考古學者，以及人類學者所矚目的。在資料提供、研究方法以及理論建立三方面當有其貢獻。

其次，筆者願意指出，臺灣地區在經濟發展、環境開發的過程中，考古遺址遭受摧毀湮滅的速度往往要比考古學知識漸進增長的速度為快。筆者對於考古遺址的保存，若干意見在這裡或許值得重提。專業考古遺址的發掘是為「用」遺址而發掘遺址，而非為發掘遺址而發掘遺址，因此需要經由調查評估以及弄清楚目的而做選擇發掘。

如果說考古遺址是研究資料的自然貯藏室，而其中貯藏的是人類過去的文化與行為的紀錄，不是古器物和人造物本身；那末，考古遺址的保存，目的就是在保存人類過去的文化與行為紀錄資料。因此，保存的方式應偏向：

（一）利用統計技術適量保存樣本資料。

（二）利用資訊技術大量儲錄資料，以建立資料檔；儲錄系統尤可統一設計。

（三）由於考古發掘本身就是一種破壞，如果情況許可，考古遺址沒有遭受立即摧毀的危機，宜將研究資料暫時原封留存於地下，以待考古學本身知識與標本處理技術層次的漸進提升。如此再做發掘，對於資料的認識則有漸進的新基礎。

（四）考古遺址若因工程施工而可能遭摧毀的危機，則應會同有關人

● 考古過程中挖掘出來的陪葬品。（左頁上圖）

● 社頂遺址的挖掘情形。（左頁中圖）

● 社頂遺址出土的圓形蓋板石棺。（左頁下圖）

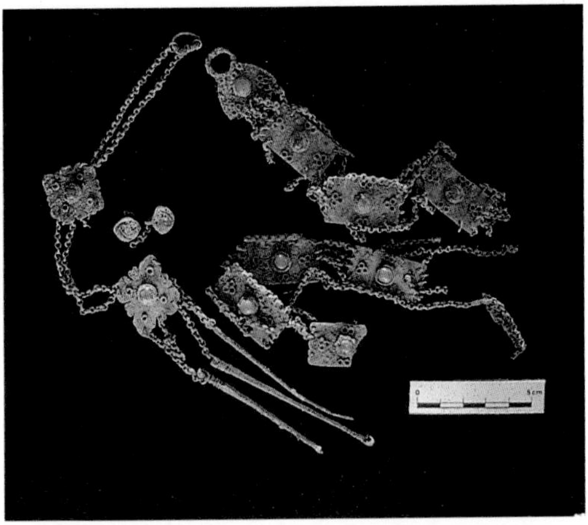

員、機構，迅速執行「搶救考古」工作，一方面可從而保存考古資料，一方面可避免耽擱工程的施工。

由於考古遺址的保存，偏重於保存其中貯藏的記錄資料，而非在於遺址本身的完整維護；此與古建築等地表古蹟維護的性質與保存的意義都不盡相同，政府有關部會在指定古蹟等級的時候，以分開處理為宜。自然，資料的保存，以及考古遺址現場的保存，除了需要藉助於考古學的專業知識與技術，此外，也需要經由調查評估而做選擇保存，不是凡是考古遺址都需要保存。（民國七十四年八月十日）

參考書目

三島格
一九八二　螺蓋製貝斧。賀川光夫先生還曆記念論集：九五—一二七。（日文）
大橋平次郎、松村晉
一九三三　臺灣に於て發掘せる石器時代の「A第三」頭蓋骨の齒科學的考察。日本齒科學會雜誌，第二十六卷，第五號。（日文）
王人英
一九六七　臺灣高山族的人口變遷。中央研究院民族學研究所專刊之十一。
內政部營建署
一九八三　國家公園法規彙編。臺北。
石再添
一九八〇　中華臺灣的地形與詩景。刊於中國的臺灣：五一—九二。臺北：中央文物供應社。
行政院文化建設委員會
一九八四　文化資產保存法暨施行細則。臺北。
伊能嘉矩
一九〇七　澎湖に於ける石器の發見。人類學雜誌二二：二四〇—二四五。（日文）
宋文薰
一九六九　長濱文化—臺灣首次發現的先陶文化（簡報）。中國民族學通訊九：一—二十八。
一九八一　關於臺灣更新世的人類與文化。中央研究院國際漢學會議論文集：四十七—六十二。
宋文薰、黃士強、連照美、李光周
一九六七　鵝鑾鼻—臺灣南端的史前遺址。中國東亞學會年報六：一—四十六。
宋文薰譯
一九五五　臺灣考古學民族學概觀。鹿野忠雄原著（日文）。臺北：臺灣省文獻委員會。

李光周（Li, Kuang-chou）

一九六七　鵝鑾鼻史前遺址出土的石器。國立臺灣大學考古人類學系學士論文。（未出版）

一九七四　再看鵝鑾鼻——臺灣南端的史前遺址。國立臺灣大學考古人類學刊三十五／三十六：四十八—六十一。

一九七八　從墾丁的考古發掘說起。人類與文化一一：三一五。

一九七八　墾丁史前遺址的發掘與其陶片的處理。國立臺灣大學文史哲學報二十七：二八五—三四六。

一九八〇　考古學上談事物之「起源」與「時空架構」應用所見的問題。思與言十八：三：十七—二十四。

一九八〇　Kén-ting: an archeological natural laboratory near southern tip of Taiwan. Unpublished Ph.D. dissertation（Department of Anthropology, SUNY—Binghamton）.

一九八二　Kén-ting: an archeological natural laboratory near southern tip of Taiwan.（abstract） Dissertation Abstract International 42:08（February）:3647—A.

一九八二　考古學對其研究現象之解釋。社會科學整合論文集：五十五—六十七。中央研究院三民主義研究所叢刊九。

一九八三　考古遺址之發掘與保存。中國民族學通訊二十：十五。

一九八三　Problems raised by the Kén-ting excavation of 1977. Bulletin of the Department of Anthropology, National Taiwan University（國立臺灣大學考古人類學刊）四十三：八十六—一一六。

李光周等

一九八二　臺北翡翠水庫考古調查報告。國立臺灣大學考古人類學系。

一九八三　鵝鑾鼻公園考古調查報告。國立臺灣大學人類學系。

一九八三　遠古中國文化之源流研究計畫報告。（未出版）

一九八五　墾丁國家公園史前文化及生態資源。墾丁國家公園管理處。

一九八五　墾丁國家公園考古調查報告。國立臺灣大學人類學系。

李亦園

一九五五　從文獻資料看臺灣平埔族。大陸雜誌十：九：十九—二十九。

李亦園等

一九八二　山地建築文化之展示。臺灣山地文化園區規劃報告第二冊。中央研究院民族學研究所。

阮昌銳

一九六九　大港口的阿美族。（上冊）中央研究院民族學研究所專刊之十八。

一九八四　阿美族的社會。臺灣博物三：三十一三十三。

金關丈夫（Kanaseki, Takeo）

一九五六　On the Human Skulls Excavated from the Prehistoric Site K'en-ting-liao Hengchún Prefecture, Formosa. Proceeding of the Fourth Far-eastern Prehistory and the Anthropology Division of the Eight Pacific Science Congresses Combined part I, first fascicle, P.P. 303—308. Quezon City: The National Research Council of the Philippines, University of the Philippines.

林朝棨

一九五九　臺灣地形。臺北：臺灣省文獻委員會。

一九六六　概說臺灣第四紀的地史並討論其自然史和文化史的關係。國立臺灣大學考古人類學刊二十八：七一四十四。

林衡道（口述）、楊鴻博（記錄）

一九八三　鯤島探源。青年戰士報叢書。

宮本延人

一九六三　臺灣の南端，墾丁寮石棺群遺跡。東海大學紀要（文學部），第四輯：十七一三十七。（日文）

宮原敦

一九三五　墾丁寮石器時代の遺蹟。臺灣博物館協會，科學の臺灣，第三卷，第三／四號：二十六一二十八。（日文）

移川子之藏

一九三六　墾丁寮石器時代遺跡。臺灣總督府內務局，史蹟調查報告，第二輯：一一四。（日文）

黃大受

一九八〇　臺灣的根。臺北：中央文物供應社。

黃士強

一九八四　臺北芝山巖遺址發掘報告。臺北市文獻委員會。

黃士強、劉益昌

一九八〇　全省重要史蹟勘察與整修建議—考古遺址與舊社部分。國立臺灣大學考古人類學系。

陳奇祿（Chen, Chi-lu）

一九六八 Material Culture of the Formosan Aborigines. Taipei: The Taiwan Museum.

一九八三 明清時代的臺灣。明清時代臺灣書畫展：十四—二一。

盛清沂等

一九七七 臺灣史。臺中：臺灣省文獻委員會。

黃瑞金

一九八四 鵝鑾鼻半島史前陶業的變遷。國立臺灣大學人類學研究所碩士論文。（未出版）

臺灣省文獻委員會

一九七二 臺灣省通志（第七冊）。臺中。

一九七二 臺灣省通志（第八冊）。臺中。

臺灣省住宅及都市發展局

一九八〇 墾丁國家公園計畫。臺北。

墾丁國家公園管理處

一九八四 國家公園與生態保育。

顏清連等

一九八一 翡翠水庫環境影響初步評估之研究。國立臺灣大學土木工程學研究所。

一九八四 立霧溪水力發電計畫環境影響評估研究。國立臺灣大學土木工程學研究所。

蘇仲卿等

一九八五 核能五廠環境現況調查評估研究。中央研究院國際環境科學委員會中國委員會。

張光直 （Chang, Kwang-chih）

一九八一 The Affluent Foragers in the Coastal Areas of China: Extrapolation from Evidence on the Transition to Agriculture. in Affluent Foragers, ed. by Shuzo Koyama and David Hurst Thomas. Senri Ethnological Studies 9:177—186.

國家圖書館出版品預行編目資料

墾丁國家公園史前文化／李光周著.----增訂一版
----臺北市：文建會，民 88
面；　　公分，----（文化資產叢書系列．古蹟類）
參考書目：面
ISBN　957-02-4355-4（平裝）
1.古物志-臺灣　2.國家公園-臺灣　3.墾丁國家公園
797.32　　　88008535

文化資產叢書〔古蹟類〕

墾丁國家公園的史前文化

著作人／李光周

著作財產權人／行政院文化建設委員會
發 行 人／林澄枝
發行及展售／文建會文字影音出版品展售中心／台北市愛國東路 100 號
電話：（02）23434168／ 傳真：（02）23946574
編輯製作及代理發行／藝術家出版社／台北市重慶南路一段 147 號 6 樓
電話：（02）23719692-3／傳真：（02）23317096
審　　查／陳奇祿、黃士強
策　　劃／陳德新
行政編輯／吳麗珠、吳淑英
圖片提供／李光周、黃士強、林柏樑
執行編輯／王庭玫、魏伶容、林毓茹
美術編輯／王庭玫、李怡芳、柯美麗、林憶玲、王孝嫻
製　　版／裕華彩藝股份有限公司
印　　刷／欣佑彩色製版印刷股份有限公司
總 經 銷　時報文化出版企業股份有限公司
桃園縣龜山鄉萬壽路二段351號
TEL:（02）2306-6842
31186
37698
出版日期／中華民國八十八年六月（增訂一版）
定　　價／160 元